Donna und Bill Swezey
gewidmet

Impressum

Geschützte Warenzeichen™ und Marken sind nicht systematisch gekennzeichnet. Aus dem Fehlen eines Hinweises kann nicht geschlossen werden, dass es sich um einen freien Warennamen handelt. Beispiele und Produktnamen im redaktionellen Text sind ausschließlich zur Verdeutlichung gewählt und verfolgen weder kommerzielle Zwecke noch enthalten sie eine Wertung. Soweit in den Texten nur die männliche Form gebraucht wird, geschieht dies aus Vereinfachungsgründen. Weibliche und männliche Form sind damit gleichermaßen gemeint.

Grundlage der in diesem Buch veröffentlichten Texte sind zwischen 2001 und 2013 erschienene Kolumnen des Autors im „AMERICA Journal – Magazin für Reisen, Lifestyle und Kultur" des J. Latka Verlag GmbH, Bonn.

ALABASTA VERLAG 2000
Am Schnepfenweg 52, 80995 München
www.mobilitymanager.de

Titelzeichnung und Illustrationen: Karl-Heinz Brecheis
Grafische Gestaltung: Dagmar Rogge

Druck: Konrad Triltsch GmbH, Ochsenfurt-Hohestadt
ISBN 978-3-938778-18-0

Slanguage – Amerika beim Wort genommen

Trivia, Klischees, Codes und vieles mehr

Für Sabine
von
Gerd

Gerd Otto-Rieke

Illustrationen
Karl-Heinz Brecheis

Inhalt

1. STADT, LAND, FLUSS Seite 6
Die Nabel der Welt ★ Wo, bitte, liegt O-Town? ★ Stolpersteine ★ Chappaquiddick-Knick ★ East, West, Home's Best

2. ON THE ROAD AGAIN Seite 19
Airlines, Paxe und Tickets ★ Baggage und Surcharges ★ Pitch, Bumping und Onion Letter ★ Double-Double im Hotel ★ Zur Kasse, bitte! ★ Mit dem Mietwagen unterwegs ★ Bunter Straßenverkehr

3. ESSEN UND TRINKEN Seite 35
Im Restaurant ★ Watchawanonnit? ★ Drinks und ihre Geschichten ★ Upon the ladies! ★ What's cooking?

4. ALLTÄGLICHES Seite 52
Blamage am Pool ★ Was heißt denn „casual"? ★ Athlet's foot und jungle mouth ★ Miles and more ★ Going metric ★ Familie, Football, Ferngespräche ★ Stress am 15. April ★ Aus der Schule geplaudert ★ Geeks & Greeks ★ Welcome in Schilda-Town

5. GESELLSCHAFTSLEBEN Seite 79
Gestatten, Knigge ★ Schönes Wochenende ★ Drum herum geredet ★ Von Bookkeepern und Soupspoons ★ Mit Lust ins Fettnäpfchen ★ Seien Sie kein Silvio ★ „I do not like broccoli" ★ Hinz und Kunz und Calamity Jane ★ Once upon a time ★ Schmerz im Nacken

6. MUSEN, UNTERHALTUNG UND SPORT **Seite 107**
Let's face the music ★ Figaro, Figaro ★ Here's looking at you ★ One, two, g'suffa ★ Keep your eyes on the ball ★ Sportlich gesehen

7. IT'S THE ECONOMY, STUPID **Seite 122**
Buy two, get one free ★ Überzeugungsarbeit ★ Wer hat's erfunden? ★ Betty, Elmer und Lionel ★ Bachelor breakfast

8. POLITIK **Seite 135**
Hand aufs Herz ★ False friends ★ Wahlversprechen ★ Saubere Wäsche ★ Wo die Wurzelbachers wohnen ★ What you hear is what you get ★ RINOs und bunte Hunde ★ Eine Phillipika auf die Rede ★ Zur Tagesordnung ★ Doublespeak ★ Kampfzone

9. USA UND REST OF THE WORLD **Seite 161**
Double Dutch und Greek Statistics ★ Freiheitsfritten ★ Ersatzangst als Leitmotif ★ King Tut und Frozen Fritz ★ Happy End mit Gin Tonic

10. SPRACHE + LITERATUR **Seite 172**
Your nose runs, your feet smell ★ Der Knutschfleck im Bodyshop ★ A boom! of Germans? ★ XYZ, aber on the QT ★ WTF ist da passiert? ★ Wenn Tina regiert ★ Toidy toid and toid ★ Zurück zu den Urlauten! ★ Upon the slitted sheets I sit

Die Nabel der Welt

Wer Amerika besucht, erwartet Superlative. Klar, Hollywood („Tinsel Town") ist die Filmhauptstadt der Welt und Miami das „Cruise Capital of the World". Tatsächlich gibt es kaum etwas, für das in den USA nicht ein Zentrum beworben wird – ernsthaft oder augenzwinkernd.

So versteht sich Las Vegas als „Entertainment Capital of the World", aber auch als „Wedding Capital of the World". Niagara Falls im Staate New York hingegen ist seit über 200 Jahren das „Honeymoon Capital of the World". Bescheiden als „Nice Capital of America" wirbt Seattle.

Nashville, Tennessee mit seiner Grand Ole Opry versteht sich als „Country Music Capital of the World", Chicago als „Blues Capital of the World". Die „Windy City" am Südwestufer des Michigansees mag aber auch gern das „Polka Capital of the World" sein. Weniger kontrovers ist vermutlich die Behauptung von McAllen, Texas, man sei das „Square Dance Capital of the World". Als „längste Bar der Welt" wird die Hauptstraße von Anchorage, Alaska bezeichnet.

Einkaufen gefällig? Zum Beispiel in der Mall of America in Bloomington, Minnesota („Shopping Capital of the World") oder in Reading and Berks County, Pennsylvania, dem „Outlet Shopping Capital of the World". Eher als Geheimtipp hingegen dürften Lynn, Massachusetts („Ladies Shoe Capital of the World") und Fort Payne, Alabama („Sock Capital of the World") gelten.

Wer Hummer und Krebse mag, kommt garantiert in den entsprechenden „Hauptstädten" Rockland, Maine beziehungsweise Breaux Bridge, Louisiana auf seine Kosten. Als „Seafood Capital of the World" bezeichnet sich Glynn County, Georgia. Nach Ketchikan, Alaska fahren Lachs-Fans, um das „Salmon Capital of the World" zu besuchen.

Le Mars, Iowa (Slogan: „Where life is sweet!") darf sich ganz offiziell als „Ice Cream Capital of the World" bezeichnen. Das könnte noch publikumswirksamer sein als die Beinamen „Pancake Capital of the World" für Liberal, Kansas und „Bagel Capital of the World" für Mattoon, Illinois. (Aber, das muss gesagt sein, auch ein Umweg über Waterbury, Vermont zur Eiscremefabrik von Ben & Jerry's lohnt sich!)

Liebhaber deftiger Kost sollten Belle Chasse, Louisiana nicht links liegen lassen, das „Chili Capital of the World". Ob Sheboygan, Wisconsin als „Bratwurst Capital of the World" durchgehen kann und Braunfels, Texas als „Wurst Capital of the World" müsste deutscherseits investigativ recherchiert werden.

Unangefochten stehen die kalifornischen Städtchen Gridley als „Kiwi Fruit Capital of the World", Castroville als „Artichoke Capital of the World" und Fallbrook als „Avocado Capital of the World" dar. Nach Kennett Square, Pennsylvania reisen sollten Pilzfreunde, die das „World's Mushroom Capital" besuchen wollen.

Dem America's Cup verdankt Marblehead, Massachusetts den Beinamen „Yachting Capital of America" und Newport, Rhode Island den weitergehenden Claim „Yachting Capital of the World". Die internationale Topregatta ist übrigens nicht nach den USA benannt, sondern hieß ursprünglich „Hundred-Guinea Cup". Ausgerichtet wurde sie 1851 vom Great Britain's Royal Yacht Squadron. Gewinner dieses Wettbewerbs war der amerikanische Zweimaster „America".

Zum Drachen steigen lassen ist anscheinend Lincoln City, Oregon ideal, das „Kite Capital of the World". Auf Wind gern verzichtet Ely, Minnesota, das „Canoe Capital of the World".

Durch die Filmkomödie „Und täglich grüßt das Murmeltier" ist ja Punxsutawney, Pennsylvania bekannt, das „Weather Capital of the World". Die wetterfühligen Erdhörnchen werden ebenfalls in Sun Prairie, Wisconsin hoch verehrt, dem „Groundhog Capital of the World". Ungeprüft soll der Claim „Storm Watching Capital of the World" für Bandon, Oregon im Raum stehen bleiben.

Nicht selten konkurrieren verschiedene Orte um die Ehre, „Hauptstadt" zu sein – beispielsweise Traverse City, Michigan und Linden, California als „Cherry Capital of the World" oder Hadley, Massachusetts und Stockton, California als „Asparagus Capital of the World". Nach fliegenden Untertassen hält man in Elmwood, Wisconsin und Roswell, New Mexico Ausschau – beides selbsternannte „UFO Capitals of the World". Wer sich für die amerikanische Version der Wolpertinger interessiert, wird in Douglas, Wyoming fündig, „Home of the Jackalope". Das „Troll Capital of the World" ist nach Eigenaussage Mount Horeb, Wisconsin.

Auf gleich zwei Spezialisierungen ist West Yellowstone, Montana stolz, das „Trout Fishing and Snowmobiling Capital of the World". Wegen seiner Achterbahnen im Vergnügungspark Cedar Point gönnen wir Sandusky, Ohio den Titel „Roller Coaster Capital of the World".

Ziemlich große Tiere beobachten kann man in Cape Ann, Massachusetts, das „Whale Watching Capital of the World". Millionen von Glühwürmchen hingegen erleuchten die Nächte von Boone, North Carolina, das „Firefly Capital of the World". Als „Azalea Capital of the World", der Menge der Alpenrosen wegen, bezeichnet sich Mobile, Alabama, als „Camelia Capital" versteht sich Sacramento, California.

Nicht nur Vampire werden um Gilroy, California einen großen Bogen machen, das „Garlic Capital of the World". Und auch das „Toilet Paper Capital of the World" gibt es: Green Bay, Wisconsin – no shit!

Wo, bitte, liegt O-Town?

Dass „Big Apple" der Spitzname von New York City ist, hat sich herumgesprochen. Experten kennen auch den Beinamen „Gotham City" für die Stadt am Hudson River. Auch die „Windy City" wird ausserhalb der USA oft klar identifiziert, nämlich als Chicago. So heisst „Chitown" (ein anderer Nickname) übrigens nicht wegen des Windes, sondern wegen der Angeberei der Stadt *(to make a lot of wind about something)* anlässlich der dort 1893 veranstal-

teten Weltausstellung. Die Einwohner wissen das natürlich und nutzen den Beinamen deshalb verständlicherweise verhalten.

Ebenso die Spitznamen von New Orleans in Louisiana („Lucy Anna") haben schon viele Nichtamerikaner gehört: „Crescent City", „Storyville" und „The Big Easy". Und die „Mile High City", na klar, das ist das hochgelegene Denver, Colorado.

Doch was verbirgt sich hinter „Big-D"? Damit kann entweder Dallas, Texas oder Detroit, Michigan gemein sein. Die Autostadt Detroit wiederum taucht auch als „Diesel City" oder „Motown" auf. Und während „Big-T" für Tucson, Arizona steht, verbirgt sich hinter „Big-O" Omaha, Nebraska, auch „O-Town" genannt. Doch aufgepasst: „O-City" ist Oklahoma City. Nicht ganz stubenrein der Spitzname von Provincetown auf Cape Cod: „P-Town".

Das aristokratische Boston, Massachusetts pflegt den Slogan „America's Walking City", geläufig sind auch die Beinamen „Highbrowville" und „Beantown". Die Einwohner Bostons sind als „Bowwow" oder „Bean-eater" bekannt, die des dichtbesiedelten Großraumes zwischen Boston und Washington, D.C. hingegen als „Boswash" oder „Bosnywash". Ein „Down Easter" ist ein Einwohner der Gegend zwischen Boston und dem südlichen Maine.

Auch Baltimore, Maryland verfügt über mehrere Namen: „Nickel City" (weil dort die 5-Cent-Münzen geprägt wurden) und „Charm City". Ein Baltimorean wird mitunter spöttisch „Baltimoron" genannt (ein *moron* ist ein Schwachkopf). Philadelphia, Pennsylvania sieht sich gern als „The City of Brotherly Love" oder „The Friendly City", doch die meisten sagen einfach „Philly". „Crabtown", das ist Annapolis, Maryland. Maryland, Virginia und Washington, D.C. wiederum konstituieren „The Capitol Region".

Weiter südlich findet man den „Bible Belt", den christlich-konservativ geprägten Teil der USA. Als „Buckle of the Bible Belt" sieht sich Nashville,Tennessee in Anspielung auf seine 800 Kirchen, Synagogen und Tempel. Hier wohnen auch viele *fundies*, durchaus keine Grünen, sondern Fundamental Christians. „Grüne" hingegen sind *tree huggers*.

Demgegenüber ist der „Cotton Belt" oder „Sun Belt" der von Landwirtschaft gekennzeichnete Süden. Meint man den Süden vor dem Bürgerkrieg (1861-65), sagt man „Old South". Wo wir schon dabei sind: der „Rust Belt" bezeichnet den industrialisierten Norden, der „Corn Belt" die Staaten Iowa, Nebraska und Kansas.

In den 1930er Jahren entstand der Name „Dust Bowl", der große Teile der Great Plains im südlichen Mittleren Westen der USA beschreibt. Der Midwest, das „Heartland of America", besteht aus Indiana, Illinois, Michigan, Ohio, Wisconsin, Iowa, Kansas, Minnesota, Missouri, Nebraska, North Dakota und South Dakota.

Unter „Alligator Alley" oder „Saint Pete's Waiting Room" verstehen Eingeweihte Florida (wegen der vielen Rentner), „Babel-by-the-Bay" ist das quirlige Miami, auch „Sun, Fun and Cocaine Capital of the South" genannt. „Baha New York", das ist South Florida (in Anspielung auf die Touristen aus dem Norden und in Anlehnung an die mexikanische Halbinsel Baha California). Das lässige Key West (auch „The Conch Republic", sprich: konk) läßt sich die Spitznamen „Mañanaville" und „Margaritaville" gefallen (nach dem Lied von Jimmy Buffet).

Auch aus dem Westen einige Kostproben aus dem großen Vorrat der Spitznamen: „Berdoo" steht für San Bernadino, „Dago" für San Diego, „Samo" für Santa Monica, „Jet City" für Seattle. Die „Three Bs" im Raum Los Angeles sind die Nobelviertel Beverly Hills, Bel Air und Brentwood.

Stolpersteine

Was gibt es nicht alles für Stolpersteine, wenn es um die Geographie geht! In Amerika hält sich das Gerücht, dass es sich bei Lugano, Locarno und Lausanne um ein und dieselbe Stadt handelt – nur in der deutschen, italienischen und französischen Schreibweise...

Doch Amerika macht es seinen Besuchern auch nicht leicht sich zurechtzufinden. Zwar ist Indianapolis die Hauptstadt des Bundesstaates Indiana, Kansas City hingegen liegt gar nicht in Arkansas und nur teilweise in Kansas, sondern größtenteils in Missouri, aber am Kansas River. Die postalische Abkürzung von Missouri ist nicht MI (das ist die von Michigan), sondern MO – man denkt eher an Montana.

Auch verwirrend: Die Colorado Desert liegt in California, die Florida Mountains sind in New Mexico zu finden, das Wyoming Valley gehört zu Pennsylvania. Virginia City liegt in Nevada, Nevada City in California. Und der Bundesstaat Nevada wurde nach der Bergkette Sierra Nevada benannt, die sich hauptsächlich durch California zieht.

Michigan City liegt auf dem Territorium von Indiana und Panama City in Florida. Obacht: Der Ort Palm Beach ist in Florida zu finden, Palm Springs jedoch in California. Eine „Panhandle" gibt es mehrfach, die bekanntesten sind der Nordwesten Floridas und das südliche Alaska – schmale Landstriche, die auf der Landkarte dem Griff einer Bratpfanne ähneln. Der „Panhandle State" wiederum ist West Virginia.

Oakland liegt in California, Auckland in Neuseeland. Auch Monterey ist eine kalifornische Stadt, Monterrey hingegen eine mexikanische. In Monterey spielt ja John Steinbecks Geschichte „Cannery Row" („Straße der Ölsardinen"), die weder etwas mit Kanarienvögeln, noch mit den Kanarischen Inseln (nach denen zwar die Vögel benannt sind, die selbst aber nach Hunden benannt wurden), zu tun hat, sondern mit *cans* (Dosen), dort gab es nämlich Konservenfabriken.

Die Computer- und Halbleiterhochburg „Silicon Valley" liegt bekanntlich südlich von San Francisco. Den „Silicon Beach" hingegen findet man in Südkalifornien, etwa zwischen Santa Monica und Venice. Hier haben sich viele Start-up-Unternehmen im Bereich IT angesiedelt. Die Silicon Prairie ist Teil des Mittleren Westens. Doch wo liegt und was ist „Silicone Valley"? Das ist der Spitzname eines Tals bei San Fernando, nicht weit von Hollywood, das sich zum Zentrum der Pornofilmbranche entwickelt hat.

Dallas liegt in Texas, The Dallas aber in Oregon, Las Vegas in Nevada – aber auch in New Mexico. Der Grenzfluss zwischen den USA und Mexiko wird im Norden Rio Grande genannt, im Süden Rio Bravo.

Kein Skigebiet lockt beim Ort Snowflake in Arizona. Er ist benannt nach seinen Gründern Erastus Snow und William J. Flake, zwei Mormonen. Und Portland-Zement kommt übrigens nicht aus Oregon, sondern wurde nach einem Steinbruch bei Portland in England benannt.

Amerika ist Heimat einer ungewöhnlichen Sammlung von Ortsnamen. In Ohio gibt es das Städtchen Loveland, in West Virginia das Dorf Odd (ungewöhnlich) und in Missouri die Stadt Peculiar (seltsam). Utopia, Turkey und Goodnight liegen in Texas, Tiny Town und Dot (Fleck) in Kentucky, Why in Arizona, Sleepy Eye in Minnesota, No Rum in Florida, Truth Or Consequences (vor 1950: Hot Springs) in New Mexico, Tomato in Arkansas und Sandwich in Massachusetts. Intercourse findet man in Pennsylvania. 42 Orte der USA heißen Eden, 22 Zion und 20 Paradise (plus California insgesamt, was im Spanischen Erdparadies bedeutet). Nur ein Ort heißt Hell und liegt in Michigan. In California findet man die Region Zzyzx.

Chappaquiddick-Knick

Dass sich mit „Wall Street" das Börsengeschehen allgemein beschreiben lässt, mit „Broadway" das Showbusiness und mit „Beverly Hills" die neureiche Nachbarschaft, hat sich längst auch außerhalb der USA herumgesprochen. Man kennt „Camp David" als Refugium und „Guantanamo" als Militärjustizzone.

Manchmal verblassen Assoziationen – so ist Chicago nicht mehr die Stadt von Al Capone und seinen Maschinengewehr-Gangs. Bei anderen Städten verschiebt sich die spontane Gedankenverbindung. Während Ältere beim Namen „Dallas" an den Kennedy-Mord denken, fällt Jüngeren wohl eher die TV-Soap ein. Und stand „New Orleans" ehedem für Jazz, wird es neuerdings vornehmlich mit Naturkatastrophen und staatlicher Hilflosigkeit in Verbindung gebracht.

Ein bisschen muss man sich mit Geschichte auskennen, wenn man die tiefere Bedeutung anderer Ortsnamen verstehen will. Gettysburg ist natürlich nicht nur eine Kleinstadt in Pennsylvania – hier fand 1863 die Entscheidungsschlacht im Bürgerkrieg statt. Der Name steht noch heute für die physische und emotionale Zerrissenheit der Nation und ihre Wunden, aber auch für den Neuanfang der United States.

In der Gegend des Flusses Wounded Knee in South Dakota töteten Soldaten zahlreiche Sioux. Das war 1890, aber noch über hundert Jahre später wird mit der Ortsbezeichnung das Leid der *native Americans* umschrieben. Wer „Ellis Island" sagt, meint nicht nur die Einwandererschleuse auf der Insel im New Yorker Hafen, die zwischen 1892 und 1943 in Betrieb war. Das Wort „Ellis" weckt die Erinnerung an Millionen von Immigrantenschicksalen, und welche amerikanische Familie wäre nicht betroffen?

In den internationalen Sprachschatz brachte es ein Dorf in New Hampshire. Hier im Mount Washington Hotel schmiedete 1944 eine Konferenz von Politikern und Wissenschaftlern das Währungssystem mit festen Wechselkursen. Es zerbrach 1973, und „Bretton Woods" ist seitdem Geschichte. Bloß gut, dass die Tagung nicht, wie vom US-Außenministerium gefordert, in French Licks Springs in Indiana stattfand – kein ganz überzeugender linguistischer Pate für den Goldstandard des Dollar.

Selma, Alabama war 1965 die Keimzelle der schwarzen Bürgerrechtsbewegung *(civil rights movement)*, hier begann der Aufstieg von Martin Luther King, Jr. und das langsame Ende der Rassentrennung. Der Übergang verlief nicht ohne Gewalt, wie im selben Jahr in Los Angeles geschehen. Im Stadtteil Watts nahm 1965 eine Serie von gewalttätigen Auseinandersetzungen zwischen Schwarzen und der Polizei ihren Anfang *(Watts Riots)*. Haight-Ashbury, ein ruhiger Stadtteil San Franciscos, wuchs gleichzeitig als Zentrum der Flower Power und Blumenkinder heran, das nahegelegene Berkeley war Schauplatz der ersten „Studentenunruhen". Das Woodstock Festival 1969 fand tatsächlich auf einer Farm in Bethel, New York statt, etwa 70 Kilometer von Woodstock entfernt.

Three Mile Island in Pennsylvania ist der Standort eines Atomkraftwerks, das 1979 außer Kontrolle geriet. In den USA steht der Name vielleicht mehr noch als „Tschernobyl" oder „Fukushima" für die Gefahren nuklearer Technologien. Auch ein anderes Inselchen hat die Welt verändert: Chappaquiddick. Was wie eine Walt Disney-Wortschöpfung klingt, weist auf die Stelle in Massachusetts hin, wo Senator Ted Kennedy 1969 einen Autounfall verursachte, bei dem eine junge Frau, Mary Jo Kopechne, ertrank. Die Umstände wurden nie ganz geklärt, die Karriere des hoffnungsfrohen Politikers knickte ein. Kennedy wurde nicht Kandidat der Demokraten, „Tricky Dick" Nixon gewann die Wahl. Chappaquiddick – ein amerikanisches Waterloo.

East, West, Home's Best

Wie jemand zu den Problemen des Mittleren Ostens steht, ist – wörtlich genommen – eine Frage des Standpunktes. Gibt es zumindest in der Wortwahl eine Übereinkunft zwischen Old Europe, New Europe und den USA?

Die Einteilung der Erde nach Himmelsrichtungen ist ja nur scheinbar neutral. Der Begriff *Far East* gefällt Asiaten eigentlich nicht, denn „weit im Osten" befinden sie sich nur aus der Sicht der Europäer – und welche Kompetenz haben denn die Langnasen? China, das heißt bekanntlich „Reich der Mitte" und spiegelt das dortige Selbstbewusstsein wider. Aus chinesischer Sicht sind Europäer im *Far West.*

Eigentlich absurd, wenn auch Amerikaner im sogenannten Pazifischen Jahrhundert vom *Far East* sprechen, liegt die Pazifikregion doch im Westen der USA. Das verrät dann die traditionelle eurozentrische Weltsicht, die mittlerweile vollkommen *politically incorrect* ist.

Ähnlich problematisch die gängigen Begriffe Nahost und Mittlerer Osten. „Nah" – wozu? Zu Europa natürlich. Und „mittel"? Ein Mittelding zwischen Europa und Asien, nichts Eigenständiges? Konzerne teilen die Welt gern in Bereiche auf, von denen *EMEA* eine ist – Europe, Middle East, Africa. Irgendwie ein bisschen das Prinzip „was wir sonst noch so abdecken müssen".

Der *Mittlere Osten* in der in Deutschland gängigen heutigen Bedeutung beginnt am östlichen Mittelmeer, liegt zwischen der Türkei und Ägypten und umfasst besonders Israel, die arabischen Staaten und den Iran. Bis zum Zweiten Weltkrieg war das der *Nahe Osten,* während der *Mittlere Osten* früher das Gebiet zwischen Mesopotamien und Burma meinte, also zwischen dem *Nahen* und dem *Fernen Osten* lag. Verwirrt? Das offizielle Amerika versteht heute unter *Middle East* allerdings die Länder von Afghanistan im Osten bis Zypern im Westen.

In den USA gibt es zwar keinen Mittleren Osten, dafür einen Mittleren Westen. *Midwest* bezeichnet das, was man sonst im engeren Sinne „Nordstaaten" nennt, aber nur diejenigen um die Great Lakes herum, von Ohio im Osten bis Minnesota oder Nebraska im Westen. Wenn vom *Heartland of America* oder dem *Great Lakes Country* geredet wird, ist ebenfalls der *Midwest* gemeint.

Der *Far West* hingegen bezeichnet die Staaten Washington, Oregon, Idaho, Nevada und California. Um den Bundesstaat

Washington von der Hauptstadt zu unterscheiden, ist umgangssprachlich *Washington State* üblich. Hollywood schuf dann das Genre des „Western" – was asiatische Produzenten zu ihren „Eastern" inspirierte. In Anspielung auf den „Wilden Westen" entstand die Redewendung *to go west*, was so viel wie „sterben" heißen kann, in anderem Zusammenhang aber auch Aufbruchstimmung beschreibt. Ein *southpaw* ist ein Linkshänder. *To go south* hingegen bedeutet „in der Versenkung verschwinden" oder bezeichnet einen Kursverfall an der Börse. Verständlich für jeden, der die Konvention kennt, dass der Süden auf Landkarten „unten" ist.

Kurios: Key West ist nicht der westlichste, sondern der südlichste Punkt des US-Festlandes. Der North Star State ist der Beiname von Minnesota, nicht zu verwechseln mit dem Old North State, North Carolina. Der Empire State of the South hingegen beschreibt Georgia, und *south of the border* den Nachbarn Mexiko. Kennen Sie das *Mouth of the South*? Diesen Spitznamen erhielt der Medienmogul Ted Turner.

Und was ist der Unterschied zwischen *Middle America, Central America* und *Latin America*? Mittelamerika umfasst die Landbrücke zwischen Nord- und Südamerika (auch als Zentralamerika bezeichnet) sowie die Westindischen Inseln – geographisch eine Großregion Nordamerikas. Mexiko – Mitglied des Nordamerikanischen Freihandelsabkommens (NAFTA) – gehört zu Mittelamerika, wird aber wegen seiner kultur- und sprachgeschichtlichen Zugehörigkeit auch zu Lateinamerika gezählt. Der Begriff Lateinamerika grenzt die spanisch- und portugiesischsprachigen Länder Amerikas von den anglo-amerikanischen Ländern Amerikas ab.

Manchmal muss man sehr genau hinschauen, um den Unterschied festzustellen. So bedeutet die geographische Bezeichnung *India* traditionell „alles östlich vom Kap der Guten Hoffnung", während die *Indies* im britischen Sprachgebrauch „alles westlich der Azoren" bezeichnen. Und die *West Indies* sind die Karibischen Inseln.

Airlines, Paxe und Tickets

Verabschieden Sie sich zunächst von der irrigen Vorstellung, Sie seien „Fluggast". In Zeiten der Billigtarife wurde der „Passagier" im Branchenjargon längst zum *Pax* abgekürzt, oder – noch deutlicher – zur *self-handling cargo.*

Schon bei der Flugplanung ist Sorgfalt geboten. Ein *direct flight* (Direktflug) führt nicht unbedingt auf dem kürzesten Weg zum Ziel, auch wenn er nur eine Flugnummer hat und auf einem einzigen *flight coupon* ausgestellt wird, denn im Unterschied zum Nonstopflug wird er durch Zwischenlandungen unterbrochen. Von A nach D geht es also mit einem Stop in B und eventuell C. Flugzeuge und Crews (und manchmal auch die Eigentumsverhältnisse) der Airline können sich während der Reise verändern. Bei einer *change of gauge* wird während einer Reise mit einer Flugnummer das Flugzeug gewechselt. Beim *nonstop flight* hingegen gibt es keine (planmäßigen) Zwischenlandungen. Nehmen Sie „nonstop" übrigens nicht wörtlich – irgendwann stoppt auch der längste Flug.

Vertrackt das in Mode gekommene *code sharing.* Hierbei wird der Direktflug von A über B nach C von A nach B durch Airline Nummer 1 *(operated by XY Airline)* durchgeführt, von B nach C von Airline Nummer 2, trägt aber von A nach C dieselbe Flugnummer (beispielsweise nur die von Airline Nummer 1). Oder der

Direktflug von A nach B wird von Airline Nummer 1 *(operating carrier)* mit deren Flugnummer durchgeführt, Airline Nummer 2 *(marketing carrier)* verkauft aber einen Anteil der Plätze unter einer eigenen Flugnummer. Die daran beteiligten Fluggesellschaften werden denn auch schon mal *Codesharelines* genannt. Klären Sie, welche Firmenpolitik auf Ihrem konkreten Flug angewandt wird, beispielsweise hinsichtlich Handgepäckregeln – es kann die von Airline 1 oder 2 sein.

Wenn Sie auf eigene Faust eine Umsteigeverbindung planen, prüfen Sie die *minimum connecting time* (MCT, Mindestübergangszeit). Das ist nach Flughäfen unterschiedlich die kürzeste Zeitspanne jeder Umsteigeflugverbindung. Sie richtet sich nicht nach dem leichtathletischen Profil des durchschnittlichen Passagiers, sondern zum Beispiel danach, wie schnell das Gepäck weitergeleitet werden kann. Die MCT ist zudem unterschiedlich für domestic/domestic, domestic/international, international/domestic und international/international. Bedenken Sie die Zeit für Security, Immigration und Zollkontrolle sowie eventuellen Terminalwechsel und neuen Check-in.

Schließlich sind Sie stolzer Besitzer eines Flugscheins. Doch was ist der Unterschied zwischen *ticket* und *flight coupon*? Beim

ersteren handelt es sich in der Regel um das Flugscheinheft mit eventuell mehreren *flight coupons* (dann heißt es präzise *conjunction ticket).* Es ist das offizielle „Passage-Beförderungsdokument" und gleichzeitig Vertragsdokument zwischen Passagier und Airline sowie Versicherungsdokument. Das *ticket* enthält unter anderem die Namen der Fluggesellschaft und des Passagiers, die Flugstrecke, die Reisedaten, die Klasse und den Preis. Der *flight coupon* (also der einzelne Flugschein für ein Flugsegment) wird beim *check-in* gegen den *boarding pass* eingetauscht.

Jetzt geht es los, und Sie lernen eine neue Bedeutung des Begriffes „Pilotstudie" kennen: *This is your captain speaking. Welcome to your flight to - - - where the heck are we going to anyway, Nigel?"*

Baggage und Surcharges

Zunächst eine Info, mit der Sie bei Günther Jauch glänzen können: Woher kommt der Name „Jumbo" für eine Boeing 747? Antwort: „Jumbo" bedeutet in Suaheli „Häuptling", und so wurde ein berühmter Elefant benannt, den der Londoner Zoo 1882 an Zirkusdirektor P.T. Barnum verkaufte. Gegründet wurde der Tierpark übrigens ebenso wie Singapur von Sir Stamford Raffles.

Sollten Sie die Million bei RTL trotzdem nicht gewinnen, müssen Sie wieder auf Sondertarife zurückgreifen und *coach* fliegen, die Economy Class in den USA. Zu beachten sind zum Beispiel *black-out dates*, also bestimmte Kalendertage, zu denen etwas eingeschränkt wird oder nicht gilt. Pech auch, wenn der

Ölpreis explodiert, dann gibt es eine *aviation product surcharge* (APS, Treibstoffzuschlag).

Notieren Sie sich immer den *file key* (Buchungscode), er wird vom *passenger name record* (PNR) automatisch produziert (heißt deshalb auch PNR-Code) und besteht aus mehreren Buchstaben und Zahlen. Wichtig für den Fall von Ticketverlust und Umbuchungen. Wenn Ihr Ticket allerdings den Vermerk *not refundable, not endorsable* aufweist, haben Sie zu einem Sondertarif gebucht, der Stornierungen und Umbuchungen weitgehend unmöglich macht.

Bei einem *open-jaw ticket* (OJ, Gabelflug) führt das *routing* zum Beispiel von A nach B nach C und zurück nach A, aber zwischen B und C wird kein Flugzeug benutzt, sondern etwa ein Mietwagen *(surface transport)*. Technisch durchaus ein *round-trip*.

Beachten Sie beim Packen die *baggage allowance*, die Menge oder das Gewicht des Freigepäcks. *Restricted articles* gehören nicht hinein, etwa Feuerwerkskörper, die sind nämlich *dangerous goods* oder *hazardous materials*. Das Handgepäck sollte in die *overhead bins/compartments* passen, die Gepäckfächer über den Sitzen im Flugzeug. *Excess baggage* (Übergepäck) strapaziert die Reisekasse.

Zum Aufgeben des Gepäcks praktisch: *curbside check-in*, also die Möglichkeit, die Koffer an einem Schalter am Straßenrand vor dem Terminal loszuwerden. Ihr aufgegebenes Gepäck erhält *baggage tags* (Gepäckanhänger) mit *routing* und *ID number* (Identifikationsnummer). Es gibt einen *baggage tag* pro Gepäckstück, die Kopie davon *(claim check)*, wird ans Ticket geheftet. Tipp: Beim Einchecken mehrerer Personen gleichzeitig zum selben Ziel werden manchmal alle *baggage tags* an nur eines der Tickets getackert. Das kann unpraktisch sein bei verlorenem Gepäck *(lost luggage)*, wenn sich die Gruppe nach Ankunft schnell auflöst und der Kollege mit allen *claim checks* verschwunden ist.

Ihr Ticket ist eventuell im ATO hinterlegt, dem *Airport Ticket Office* (Flughafenbüro einer Airline). VIPs reisen mit Sonderflugzeugen und treffen sich am *General Aviation Terminal* (GAT, Terminal für Privatflugzeuge).

Wenn jetzt die *estimated departure time* (EDT, voraussichtliche Abflugzeit) mit der *actual time of departure* (ATD, tatsächliche Abflugzeit) übereinstimmt, geht es pünktlich los. Hören Sie den *last and final call* für Ihren Flug über Lautsprecher, sollten Sie „langsam mal" zum Flugsteig gehen.

Pitch, Bumping und Onion Letter

Fluggesellschaften sind sprachlich kreativ. So nennen sie den Sicherheitsgurt lieber neutral *seat belt*, die Toilette *lavatory* und die gute, alte Kotztüte *motion-discomfort container*. Warum einfach, wenn's auch umständlich geht? Deshalb sagen amerikanische Airliner auch nie *now*, sondern stets *at this time*.

Sie gehen also *at this time* brav an Bord *(to embark*, dem Maritimen entlehnt), wobei das *boarding* neuerdings oft nach Zonen erfolgt (die stehen auf dem *boarding pass)*, entweder von hinten nach vorn im Flugzeug oder nach *window, middle, aisle* (am Fenster, Mittelsitz, Gangplatz). Gut, wenn Sie *Advanced Seat Reservation* machen konnten, dann haben Sie den gewünschten Platz sicher. Der hängt von der *configuration* ab, der nach Klassen unterschiedlichen Bestuhlung des Flugzeugs, zum Beispiel 2-2 (je zwei Sitze links und rechts des Ganges). Wenn Sie ungern über zwei Nachbarn klettern, ist die Sitzplatzreservierung bei Konfigurationen wie 3-5-3 um so wichtiger (die Fenstersitze und der mittlere Mittelsitz sind durch je zwei Plätze vom Gang entfernt).

Ob Sie bequem sitzen, richtet sich nach drei Kriterien. Der *seat pitch* ist der Sitzabstand, er wird korrekterweise von Bodenbefestigungsschraube zu entsprechender Bodenbefestigungsschraube in *inch* gemessen. Das geht übrigens auf den Eisenbahnverkehr zurück. Im 1835 vom „Adler" gezogenen Zug zum Beispiel betrug der Sitzabstand in der 1. Klasse 60 Zentimeter, in der 2. Klasse 50 Zentimeter und in der 3. Klasse („Holzklasse", daher das Synonym für Economy) 40 Zentimeter.

Außerdem Komfortmerkmale sind der *seat recline* (wie weit sich die Lehne zurückklappen lässt) und die Sitzbreite *(seat width)*. Ein *bulkhead seat* befindet sich hinter einer Kabinenaufteilung und bietet oft mehr Beinfreiheit. Das gilt auch für Sitze an Notausgängen *(emergency exits)* – hier wird allerdings von den Passagieren erwartet, dass sie anderen in Notsituationen behilflich sind.

Schlechte Karten haben Sie, wenn Sie ein *PAD* sind, ein *Passenger Available for Disembarkation* (Passagier ohne Beförderungsanspruch, etwa Inhaber bestimmter Bonustickets). Bei Überbuchung des Fluges ziehen Sie den Kürzeren. Dann werden Sie „abgeladen", was man *bumping* nennt. Das kann auch schon am *gate* (Flugsteig) passieren und heißt dann *denied boarding*. Wird die Beförderung trotz gültigen Flugscheins, bestätigter Buchung und rechtzeitigen Erscheinens verweigert, gibt es eine *compensation* (Entschädigung).

Männliche Passagiere sollten ihre Vorfreude zügeln, wenn die Stewardess (korrekt: *flight attendant)* fragt: *Would you like to be pillowed?* Sie will nur wissen, ob sie Ihnen ein Kissen bringen soll. Auf jeden Fall bringt sie Cola und wenn Sie Glück haben *substantial snacks*. Das ist alles, was über Erdnüsse hinausgeht. Früher hieß es *leather or feather?* Das war die Standardauswahl *beef or chicken?* Bei *no-frill airlines* weiß man, dass der Service minimal ist.

Seien Sie misstrauisch, wenn vom *flight deck* (Cockpit) die leutselige Ansage des Captains kommt *Hi folks, it might get a little choppy.* Dann ist mit heftigen Turbulenzen zu rechnen, offiziell CAT genannt, *clear air turbulence.* Sollte Ihnen schlecht werden, sagen Sie ja nicht „I feel sick", sondern „the ride disagrees with me". Einen *near miss* wird der Captain wohl nicht ansagen. Damit ist ein „Fastzusammenstoß" gemeint – der logischerweise *near hit* heißen müßte.

Nach der Landung verlassen Sie das Flugzeug *(to deplane, to disembark).* Sie haben beim Abflug am *Advanced Passenger Information System* teilgenommen; die Abkürzung lautet APIS und sollte unbedingt auf der ersten Silbe betont werden! Damit sind Sie für die USA-Einreise sozusagen vorabgefertigt *(pre-processed)* und können die *Blue Lane* benutzen.

Jetzt noch zum *baggage claim,* der Gepäckausgabe. Wird Ihr Koffer nicht ausgeliefert oder ist beschädigt, müssen Sie beim Fundbüro *(Lost and Found)* ein Formular ausfüllen, den *Property Irregularity Report* (PIR). Ihr Beschwerdebrief darüber heißt im Branchenjargon *onion letter.*

Dumm gelaufen: Ein preisbewusster amerikanischer Manager, der von New York nach Los Angeles fliegen wollte, beauftragte seine Sekretärin wohl etwas mißverständlich: „Find out the difference between first class and economy." Ein paar Stunden später erhielt er die Antwort: „The seats are wider and the drinks are free."

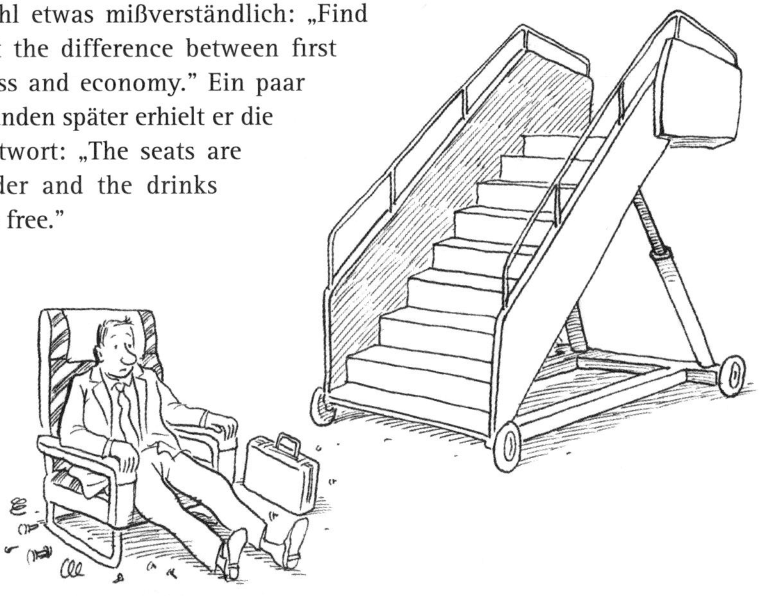

Double-Double im Hotel

Wer in Amerika je ein Zimmer gesucht hat, sah sich mit einer Fülle von Begriffen konfrontiert, von denen in der Schule nichts zu hören war. Freuen Sie sich über *Vacancy*, das heißt „Zimmer frei". Auch ein *B&B*, ein *Bed and Breakfast*, kommt in Frage. Im Gegensatz zu Großbritannien handelt es sich in Nordamerika um kleine Boutique-Hotels.

An der Hotelrezeption werden Sie eventuell mit der barocken Frage verwirrt: *„And how do you wish to establish credit, Sir/Madam?"* Das ist höflich für „Her mit Ihrer Kreditkarte!" Kleinigkeiten vergessen? Im Shop finden Sie etwa *Kleenex* (Tempotaschentücher), *Scotch Tape* (Tesafilm) und *Band Aid* (Hansaplast).

Ja, und die Betten, ein Verwirrspiel in den USA. Ein *Twin* ist eigentlich ein *Single* (39 x 76 Inches, 1 Inch = 2,54 Zentimeter), ein *Full* hingegen ein *Double* (54 x 76 Inches). Ein *Twin Room* verfügt über zwei getrennte *Single*, *Full* oder *Standard*. Die Größe *Queen* bedeutet 60 x 80 Inches, die Größe *King* 78 x 80 Inches.

Einzelzimmer wird mit *SB (single bed)* oder *SGL (single)* abgekürzt, ein Doppelzimmer mit einem *King Size*-Bett heißt aber verwirrenderweise *double (DBL)*. Ein *DBL/DBL* ist ein Doppelzimmer mit zwei *King Size*-Betten. Da Sie das schon nicht verstanden haben, was erwarten Sie vom Hotelpersonal?

Ein *wall bed* ist ein Klappbett (ein Klappstuhl heißt aber *jump seat)*, ein *bunk bed* ein Etagenbett, das manchmal in *cabins*, in Ferienhütten, vorkommt. Unter *comforter* versteht man eine Steppdecke, unter *down comforter* eine Daunendecke, unter *duvet* einen Bettbezug, aber meistens gibt's Decken und Laken *(blankets* und *sheets)*.

Immer wieder Unklarheit auch über Halb- und Vollpension *(meal plans). EP (European Plan)* bedeutet ein Zimmer ohne Frühstück (was ist daran europäisch?). *CP (Continental Plan)* heißt ÜF, also Übernachtung und Frühstück, wobei das Morgenmahl nicht unbedingt üppig ausfallen muß. *AP (American Plan)* ist meist dasselbe wie *full board* und verspricht damit Vollpension, also alle drei Tagesmahlzeiten. *MAP (Modified American Plan)* entspricht Halbpension, also Frühstück und eine weitere Mahlzeit, meistens *dinner. FAP* schließlich, *Full American Plan,* ist definitiv Vollpension.

Der Normalpreis („ausgehängter Preis", sonst auch als „Listenpreis" bekannt) ist die *rack rate.* „Normal" ist, wenn Sie kommen, dann ist nämlich entweder Messe oder Hochsaison oder beides. Sonst gibt es alle möglichen *specials* und *discounts.* Fortschrittliche Hoteliers arbeiten mit *non-event rates* (also niedrigeren Preisen), die erhöht werden, wenn es einen *event* gibt, also zum Beispiel den Hochzeitstag des Hilfskochs.

Wer mit Familie reist oder länger bleiben will, interessiert sich möglicherweise für *FURN APT (furnished Apartments,* möblierte Zimmer), zumindest aber für *EF* oder *EFF (efficiencies,* Zimmer mit Kochgelegenheit). Der Hinweis auf den Herd kann sich auch hinter *KIT (kitchen)* verbergen – doch *kid* heißt Kind. *XP* ist eine *extra person,* also eine „Zusatzperson".

Das rätselhafte *Mezzanine* in Hotels und Kaufhäusern ist die Etage zwischen Erdgeschoß und erstem Stock, der *first floor (1/F)* ist das Erdgeschoß. Im Mezzanine befinden sich oft die *function rooms,* die Bankettsäle. Eine *function* ist jede Art von geschlossener Gesellschaft. Eine 13. Etage (und 13. Reihe in Flugzeugen) sucht man in Amerika oft vergebens. (Im vom chinesischen Aberglauben geprägten Hongkong fehlen die 4. und 14. Etage.)

Wollen Sie Wäsche gereinigt haben, greifen Sie zu der im Schrank, in einer Schublade oder hinter einem Bild versteckten *laundry list.* Dort können Sie ankreuzen, ob Sie dem Hotel Ihren Sarong, Sari oder Kimono anvertrauen. Unterwäsche heißt *underwear,* das ist klar, mit *slacks* sind Hosen gemeint.

HBO (Home Box Office) ist der Spielfilmkanal, *AC* das *air conditioning*, die vom Unterhaltungswert oft ähnlich niveauvolle Klimaanlage. Sie bietet die Wahlmöglichkeiten „North Pole" und „off". Beim Betrachten von *X-rated* movies sollten die Kinder schon schlafen. *Skin flicks* („Erwachsenenfilme") werden allerdings zunehmen mit *NC-17* gekennzeichnet.

Heute sind Nichtraucherzimmer übrigens die Norm, Raucher sollten frühzeitig einen *Smoker's Room* anfragen (oder einen *Smoking Room*, wem interessiert schon Grammatik?). Es gibt sie allerdings kaum noch. Im weitgehend rauchfreien Amerika, Australien und Singapur *(to name a few)* steht das Kürzel *non* im Zweifel für *non-smoking*. Also trinken Sie Ihren Kaffee *with* im *non* – mit einem Milchprodukt in der Nichtrauchersektion. *AM COFFEE (a.m. coffee)* bedeutet, dass (früh-)morgens Kaffee (meist ohne Berechnung) zur Verfügung steht.

Zur Kasse, bitte!

Man kennt es von Billigfluggesellschaften: Der Preis im Internet wirkt auf den ersten Blick attraktiv, doch rechnet man „Extras" hinzu, explodiert die Endsumme. Ähnliche Erfahrungen machen auch immer mehr Hotelgäste: Der Grundpreis ist längst nicht der Endpreis. Allerlei *add-ons* und der Konsum

von *amenities* belasten das Reisebudget. Fachleute sprechen bei dieser Art der Renditesteigerung von *ancillary fees.*

Achten Sie schon bei der Buchung darauf, ob der Preis pro Zimmer *(room rate)* oder pro Person *(per person, single/double occupancy)* gilt, ob das Frühstück eingeschlossen ist oder nicht und welche Stornierungsregeln *(cancellation policy)* gelten. Viel mehr können Sie vorab nicht tun, da die vollständigen Preislisten so gut wie nie in Reservierungssystemen transparent gemacht werden. Achtung, wenn der allgemeine Hinweis auf *taxes, services fees or other hotel charges* erscheint.

Wollen Sie das Zimmer früher als gebucht beziehen, müssen Sie eine *early check-in charge* zahlen, für das verspätete Freigeben des Zimmers eine *late check-out charge.* Örtlichen Steuern entkommt man natürlich nicht, doch manchmal mogelt das Hotel dem Gast auch eine Beteiligung an Infrastruktur- oder Marketing-Umlagen unter – gern als *other local charges* oder *concessionary fees* getarnt. Auch die *energy surcharge* ist ein beliebtes Mittel, um steigende Betriebskosten auf die Gäste umzulegen.

Gewöhnlich *complimentary*, also ohne Berechnung, sind hotelbetriebene Flughafenpendelbusse *(airport shuttle)* – das muss aber nicht so sein. Wer mit dem eigenen Auto anreist, zahlt oft nicht nur für den Parkplatz, sondern auch fürs *mandatory valet parking,* also das Abstellen und Vorfahren des Wagens – plus Trinkgeld, versteht sich.

Hilfreiche Hände im Hotel tragen das Gepäck, kassieren aber auch saftig ab. Wer nicht aufpasst, zahlt bei der Ankunft dreifach für *bellmen* und *porters*: Dafür dass der Koffer aus dem Auto geladen wird, dass er vom Auto zum Eingang gebracht wird

und dass er dann (eine halbe Stunde später) aufs Zimmer geliefert wird. Jedes Mitglied dieser Servicekette erwartet ein Trinkgeld (mindestens einen Dollar pro Gepäckstück), und wenn Sie Pech haben, entdecken Sie auf der Rechnung noch eine Pauschale für *bellhop/housekeeper gratuities*. Ganz kreative Hotels setzen diesen Posten nicht pro Aufenthalt, sondern pro Tag ein. Sofern Sie Ihr Gepäck nach dem Auschecken noch kurz in die Aufbewahrung geben, kann durchaus ein Entgelt für *luggage storage* anfallen.

Dass Ferngespräche *(long distance calls)*, die vom Zimmertelefon geführt werden, berechnet werden, ist klar. Doch meist schlagen auch Ortsgespräche *(local phone calls)* und sogar *toll free calls*, also bei 800er-Nummern, zu Buche. Manchmal ist sogar der erfolglose Anrufversuch kostenpflichtig. Von Hotel zu Hotel unterschiedlich ist auch, ob der WLAN-Zugang *(Wi-Fi)* berechnet wird. Bisweilen ist die Verbindung in der Lobby kostenlos, auf dem Zimmer jedoch kostenpflichtig.

Verführerisch und teuer sind Getränke, Obst und Backwaren auf dem Zimmer – es sei denn, sie werden ausdrücklich als *complimentary* ausgeschildert. In jedem Fall ein teures Vergnügen ist der Etagenkellner *(room service)*. Zum Preis auf der Menükarte automatisch hinzugerechnet werden eine feste *delivery charge* und oft ein Trinkgeld *(gratuity* oder *service charge)* von bis zu 20 Prozent.

Für Überraschung sorgt vielerorts eine zweistellige *resort fee*. In dieser ominösen Pauschale sind bestenfalls Gegenwerte enthalten wie Internet-Zugang, limitierte Nutzung eines Druckers, Zutritt zum Fitness Center *(gym)*, die Lieferung einer Tageszeitung, Ortsgespräche und ähnliches. Schlechtestenfalls ist es eigentlich eine *groundskeeping fee*, die Hausmeister und Gärtner mitfinanziert. Immer wieder kommt es auch vor, dass das Vorhandensein eines Safes im Zimmer extra berechnet wird – ob das Schließfach benutzt wird oder nicht.

Wer Mitleid mit kostengeplagten Hoteliers hat, sollte am Abreisetag hektisch die Endabrechnung zahlen, ohne sie geprüft zu haben.

Mit dem Mietwagen unterwegs

Die Anmietung eines Wagens in Amerika ist in der Regel ein Kinderspiel. Vielleicht sind Sie in einem *RV (Recreational Vehicle)* unterwegs, also einem Campmobil? Oder bevorzugen Sie ein spritschluckendes *SUV (Sport Utility Vehicle)*? Verwirrung stiften jedenfalls immer wieder Preise und Versicherungen. Hier ein kurzer Fitnesskurs, damit Sie die gröbsten Klippen umschiffen.

Der Grundpreis für den Wagen richtet sich nach der Mietdauer, in der Regel ganze Tage oder Wochen. Abrechnungsgrundlage ist der 24-Stunden-Tag. Wer das Auto zum Beispiel um 6 p.m. übernimmt, muss es am Abgabetag bis 18 Uhr zurückgeben. Fragen Sie nach der *grace period*. Das ist die Kulanzfrist, die geringfügige Überziehung der Mietdauer ohne höhere Rechnung.

Prüfen Sie bei der Wagenübernahme, dem Check-out, ob Zusatzkosten fällig werden, zum Beispiel örtliche Steuern und Airport Taxes. Die Nutzung eines etwas entfernt gelegenen *off-airport*-Vermieters ist in der Regel preiswerter, wegen der Transfers jedoch auch zeitaufwendiger. *Fully bundled* ist der Hinweis auf ein Komplettangebot mit Festpreis inklusive aller Steuern und Extras.

Wenn sämtliche gefahrenen Meilen durch einen Pauschalpreis abgedeckt sind, wird dies durch den Begriff *unlimited mileage* ausgedrückt. Das bedeutet allerdings nicht automatisch, dass der Fahrer jedwede Grenzen (auch innerhalb der USA!) überqueren darf. Geld spart, wer den Wagen vollgetankt zurückgibt und dies auch vereinbart hat. Da es in der Praxis oft schwierig ist, sozusagen mit dem letzten Tropfen Benzin anzukommen, ist das sinnvoller als die *fuel (purchase) option* (FPO, auch *prepaid fuel)*, was bedeutet, dass die bei der Anmietung übernommene Tankfüllung in Rechnung gestellt wird und der Wagen mit fast leerem Tank abgegeben werden kann.

Seien Sie generell auf der Hut, wenn Sie etwas unterschreiben, bei dem „to agree with" vorkommt. Diese Redewendung leitet häufig Vereinbarungen ein, durch die Sie Ihre Rechte einschränken. Vorsicht auch bei Texten mit der Vokabel „binding" (verbindlich).

Und was ist der ominöse CDW? Genau genommen ist der *collision damage waiver* der Verzicht auf freiwillige Zusatzversicherung für Haftpflicht gegenüber dem Vermieter bei selbstverschuldeten Unfällen, in etwa der Verzicht auf Vollkasko. Aber Achtung: Im allgemeinen Sprachgebrauch steht CDW jedoch meist für das Gegenteil: die Haftpflichtversicherung selbst, nicht den Verzicht oder die Verzichtserklärung. Auf dem Mietwagenvertragsformular wird „CDW" angekreuzt (oder auch nicht) und durch Initialen bestätigt. Ähnliches gilt für den *loss damage waiver* (LDW), die Haftungsbefreiung für Schäden am eigenen Mietwagen oder bei Verlust des Fahrzeugs (auch eine Art Vollkasko).

Nur Experten kennen sich bei den anderen Versicherungsvarianten aus. Das *liability insurance supplement* (LIS) ist eine Zusatzhaftpflichtversicherung, die *personal accident and affects coverage* (PAE) eine Insassenversicherung mit Versicherungsschutz für Personenschäden oder Unfalltod des Fahrers und Mitfahrers sowie Gepäckversicherung, wohingegen die *personal accident insurance* (PAI) und die *personal effects coverage* (PEC) Spielarten davon sind.

Die *supplemental liability insurance* (SLI) erhöht die örtlich vorgeschriebene Haftpflichtdeckungssumme, und bei der *uninsured motorist protection* (UMP) handelt es sich um eine Zusatzversicherung bei Körperverletzung am Mieter und an dessen Familienmitgliedern gegen nicht beziehungsweise unterversicherte oder flüchtige Unfallgegner.

Auch das kann Ihnen passieren: Ihr amerikanischer Beifahrer fordert sie auf: „hang a huey". Sie blicken ihn verständnislos an, und schon sind Sie über die Kreuzung gefahren. Dabei hätten Sie links abbiegen sollen! Dasselbe bedeutet „hang a louie", währenddessen rechts abbiegen mit „hang a ralph" signalisiert wird. Sitzt jemand „shotgun", benutzt er den Beifahrersitz.

Also *buckle up* (anschnallen) und *here we go* (los geht's).

Bunter Straßenverkehr

Die Farbauswahl für den Straßenverkehr in den USA ist im Manual of Uniform Traffic Control Devices (MUTCD) geregelt. Diese Vorschriften werden aber in einigen Staaten, zum Beispiel California, durch eigene Vorschriften ergänzt. Hier einige Tipps, damit Sie als Greenhorn kein blaues Wunder erleben.

Ist der Bordstein gelb oder rot markiert, handelt es sich um ein Halte- oder Parkverbot, Genaueres verrät das dazugehörige Schild „No stopping", „No Standing" oder „No Parking". Die Drohung kann sich steigern durch Schilder wie „Don't even think of parking here". Erklärende Schilder fehlen, wenn die Markierung in der Nähe von zum Beispiel Feuerhydranten, Zebrastreifen oder Ausfahrten angebracht sind. Eine *red zone* ist automatisch eine *tow-away zone*, hier wird gnadenlos abgeschleppt. Da hilft dem Touristen auch keine *white lie*, keine Notlüge. Wie Falschparken eskalieren kann, beschreibt Tom Wolfe in seinem Roman „A Man in Full" als literarische Sternstunde.

Ein schwarzer Bordstein kann auf eine Ladezone hinweisen – auch hier herrscht Halteverbot. Ein weißer Bordstein erlaubt in der Regel schnelles Ein- oder Aussteigen, ein grüner kann auf eine Kurzzeitparkzone hinweisen. Der Platz an einem blauen Strich kennzeichnet meist eine Reservierung für Behinderte. Wenn Sie einen rot-gelben Bordstein sehen, befinden Sie sich wahrscheinlich in Seattle, Washington und betrachten eine Bushaltestelle.

Ein gelber Doppelstrich auf amerikanischen Straßen bedeutet Überholverbot. Zur Trennung mehrspuriger Fahrbahnen werden weiße Linien verwendet, ebenso zur Abgrenzung der Fahrbahnränder. Markierungen an Baustellen sind Weiß oder Orange.

Eine gelbe Linie begrüßt ja schon jeden Einreisenden am Flughafen, vor der Immigration: „Please do not step over yellow line". Gelbe Linien gibt es auch an Bankschalten, „to ensure privacy". Die Freiluft-Raucherzonen an Flughäfen sind in der Regel grün umrandet. Nicht unbedingt das Gelbe vom Ei.

Die *red line* brachte Barack Obama hinsichtlich Syrien ins Gespräch – und ihn in Zugzwang.

Im übertragenen Sinne werden im Englischen oft dieselben Farben verwendet wie im Deutschen. So ist der Schwarzmarkt der *black market*, eine schwarze Liste eine *blacklist* und ein schwarzes Schaf ein *black sheep*. Andererseits klappt das nicht immer – die Grüne Minna muss als *Black Maria* übersetzt werden. Manchmal bleibt die Übersetzung auch farblos – die Grüne Welle sind schlicht *synchronized traffic lights. Red tape* ist der Papierkrieg, ein *blue letter* ein Beschwerdebrief.

Wenn ein Amerikaner vom *Blue Book* spricht, bezieht er sich auf eine Publikation, die ein Äquivalent zu „Schwackes Liste für Gebrauchtwagen" ist. Das *Blue Book* ist aber auch eine Studie über UFOs und somit LGM = *little green men*, also Marsmenschen.

Old Red, White and Blue sind natürlich die Stars and Stripes und *the blue and the gray* die Soldaten der Union und der Konföderierten im Bürgerkrieg.

Und was ist *Black Hamburg*? Vielleicht die Ole von Beust-Periode? Oder die Hansestadt bei Stromausfall? Möglichweise die örtliche Gilde der Schornsteinfeger? Alles falsch – es ist der englische Name der roten Tafeltraube Trollinger. Und das *as sure as God made little green apples*, so sicher wie das Amen in der Kirche.

Im Restaurant

Zunächst die Erkenntnis: Je teurer das Restaurant, desto größer die Wahrscheinlichkeit, dass der Tisch wackelt (bei McDonald's sind die Tische festgeschraubt). Das hält Sie aber nicht davon ab, in Amerika mal fein auszugehen *(to go wine and dine)*. „In" sind *signature restaurants*, wo der Koch „einen Namen" hat. Da muss man natürlich reservieren – *first come, first served* (wer zuerst kommt, mahlt zuerst).

Laden Sie selbst zum Essen in ein teures Restaurant ein, haben Sie vorher natürlich mit dem *Maitre d'* persönlich verhandelt. Fiel dabei der *tip* für ihn zu niedrig aus, essen Sie und Ihre Gäste am Katzentisch *(left-over table)*. Vielleicht gibt es Abendunterhaltung, dann führt ein *M.C. (Master of Ceremonies, emcee)* durchs Programm, also ein Conférencier. Ein weiblicher M.C. ist eine *Femcee*, was so oder *mistress of ceremonies* ausgesprochen wird. Vielleicht sind *celebs* zugegen *(celebrities*, Prominente).

Wenn Sie mit dem eigenen Wagen vorfahren, nutzen Sie oft das *valet parking* – ein Parkboy stellt das Auto für Sie ab. Ein paar Dollar Trinkgeld erhöhen die Wahrscheinlichkeit, dass Sie es ohne Schrammen wiederbekommen. Stellen Sie Ihren Wagen selbst ab, handelt es sich um *casual parking*.

Haben Sie nicht reserviert, werden Sie unweigerlich gefragt „Party of ...?" oder „How many in your party?" Sind Sie zu viert, lautet Ihre Antwort „Party of four", sind Sie allein, so handelt es sich – ganz logisch zuendegedacht – um eine „Party of one". Eine *private party* ist eine geschlossene Gesellschaft. Das Schild *Please wait to be seated* ist in amerikanischen Restaurants normal, warten Sie also geduldig, bis Sie eine freundliche Person, vielleicht eine *hostess*, mit einer *cordial reception* oder sogar einem *hearty welcome* begrüßt und zu einem leeren, frisch gedeckten Tisch begleitet. Dann der Auftritt des Kellners: „Hi, I'm Bob and I'll be your waiter today".

Ein *set menu* ist ein Essen mit festgelegter Speisefolge. Ein Gang heißt *course*, der *main course* ist der Hauptgang, heißt aber meist *entree*, was eben nicht die Vorspeise ist. Das ist ein *starter*. Eine *side order* sind beispielsweise Gemüse oder ein Salat.

Sie wollen mit einem Salat beginnen, doch Achtung: *lettuce* ist grüner Salat, ein gemischter Salat heißt *salad*. Der kann sich auf der Speisekarte verstecken, etwa so: *a blend of fresh greens tossed tenderly with Saint Germain's and herb dressing from the secret files of the Master Alchemist topped with an array of freshly shredded vegetables for your palatal delight*. Sie lieben's einfach und bestellen *full house* (grüner Salat, Tomaten, Majo), das ist das Gegenteil von *(with) the works*, was heißt: Her mit allem, was verfügbar ist (mit allen Beilagen).

Statt Essig und Öl sind *dressings* populär, Salatsoßen. Unter *vegies* versteht man Gemüse, also zum Beispiel *Brussels sprout* (Rosenkohl), und *ethnic* ist alles, womit ein weißer Amerikaner nicht aufgewachsen ist.

Ihr Auge fällt auf *surf'n'turf* – ein Gericht aus Meeresfrüchten, zum Beispiel Hummer, und Fleisch, gewöhnlich Rind. Wünschen Sie Schweinefleisch, so bestellen Sie *pork* (nicht pig), Geflügel heißt *fowl* oder *poultry*, Wild *venison* oder *game*. Wollen Sie einen bestimmten Bestandteil nicht, so formulieren Sie zum Beispiel „Roast beef, hold the gravy" (... ohne Bratensoße).

Sie entscheiden sich für Beef und bestellen ein *tenderloin* (Rinderfilet). Sie können es halbroh *(medium)* oder blutig *(blue* oder *rare*, nicht jedoch *English)* bestellen, nie aber „durch" *(well done)*. Zwischen halbroh und „durch" heißt *medium-well*. Bestellen Sie „a bloody steak", ein „Scheißsteak", könnte der Ober fragen: „And how about the fucking potatoes?" Andere Rindergerichte sind *strip loin* (Rinderlende, gegrillt oder gebraten), *top sirloin* (Hüfte), *cup of rump* (Tafelspitz) sowie *beef rib* oder *rib eye* (Hochrippe).

Unter *Wiener* versteht der Amerikaner Bockwürstchen, nicht jedoch ein Wiener Schnitzel. Spiegeleier sind *eggs sunny side up*. Wenn die Eier beidseitig gebraten werden sollen, sagen Sie *over easy*. Wünschen Sie Rühreier, bestellen Sie *scrambled eggs*. Weichgekochte Eier sind weitgehend unbekannt, ebenso Eierbecher. Mit *low-carb* werden Gerichte mit wenig Kohlenhydraten *(carbohydrates)* bezeichnet.

Ein *sandwich* kann jede Art von Gericht sein, solange ein matschiger Toast oder eine geschmacklose Semmel dabei ist, also auch ein Hamburger. Ein *BLT sandwich* ist mit *bacon, lettuce, tomato* belegt (Speck, grüner Salat, Tomate). Die französische Antwort auf das Sandwich ist bekanntlich der Croque-monsieur, also ein Toast oder Baguette mit Schinken und Käse. In Deutschland meist als Flöte gehandelt, kommt diese Zwischenmahlzeit in Amerika unter einer Vielzahl von Bezeichnungen auf den Markt. Während sie in Pittsburgh *submarine* heißt, nennen die New Yorker sie *hero sandwich* (oder nur *hero)*. In New Orleans ist sie als *poor boy* bekannt, in Philadelphia als *hoagie*, in Rhode Island als *wedgie*, in Boston als *grinder*, in Los Angeles als *torpedo*, in Miami als *Cuban sandwich*, in Wisconsin als *Garibaldi* und noch anderswo als *bomber* oder *rocket*. Sage noch einer, ihn verwirre die Unterscheidung zwischen Bulette, Frikadelle und Fleischpflanzerl!

Eine *bowl of red* ist umgangssprachlich Chili con carne. Dieses Gericht ist im doppelten Sinne *hot*, nämlich „scharf" und „heiß" *(physically hot)*. Bei *pepperoni* handelt es sich meistens nicht um ein scharfes Gemüse, sondern um Wurst, zum Beispiel als Pizzabelag. Die schmeckt dann *yummi* (lecker).

Der Ober wird übrigens in der Nähe bleiben und Sie beobachten. Wenn Sie den Mund am vollsten haben, tritt er forsch heran an fragt: „How is the food, Madam/Sir?" Ob Sie jetzt auf Deutsch, Englisch oder Suaheli antworten, ist wurscht, zumal laute *muzak* (Hintergrundmusik) dudelt.

Teilnehmer an großen Kongressen in Amerika werden vom perfekten Ablauf der gemeinsamen Mittag- und Abendessen beeindruckt sein. Auch ein Lunch oder Dinner mit mehreren Tausend Personen klappt reibungslos. Typische Massenverpflegung allerdings: *rubber chicken* (in Großbritannien: *function fish).*

Zum Nachtisch ein Eis? Obacht: *ice* ist gefrorenes Wasser (zum Beispiel Eiswürfel, *ice cubes)*, Speiseeis heißt *ice cream.* Und ein *sundae* ist nicht Sonntag, sondern ein Eisbecher.

Hinterher gönnt man sich eine Tasse *decaff* (Kaffee Hag) oder eine *cuppa* (eine Tasse Tee). Beim Bestellen des Kaffees demonstrieren Sie Souveränität, wenn Sie die richtige Vokabel für Ihr gewünschtes Getränk kennen. Zum Beispiel *latte* für einen Espresso oder *double no fun* für einen doppelten koffeinfreien Espresso. Geben Sie keinesfalls dem Vorschlag Ihres amerikanischen Freundes nach, eine exotisch klingende Mischung zu probieren – es wird sich als Kaffee mit Pfefferminz-, Erdbeer- oder Ananasgeschmack entpuppen. In New York ist ein Kaffee mit Milch schlicht ein *regular.* Und blamieren Sie sich nicht, indem Sie die Arten des Kaffeeweißens für unwichtig halten. Fordern Sie *cream, half-and-half, milk* oder *skim milk* (künstlicher „Kaffeeweißener").

Haben Sie eingeladen, ordern Sie „The check, please" (die Rechnung). Ist unklar, wer bezahlt, steht die Frage „Who picks up the check/the bill?" im Raum. Da einem ja nichts geschenkt wird in diesem Leben *(there's no such thing as a free lunch)*, stellt der Kellner die Frage: „Just how are you intending to settle the bill?" In einem Hotelrestaurant wären die Standardvarianten 1. *charge it to the room* oder kurz *room charge*, 2. *credit card*, 3. *cash.*

Wollen Sie den Betrag zur Zimmerrechnung addieren, präsentiert man Ihnen die Rechnung zur Unterschrift und Ergänzung der

Zimmernummer: „Just sign here." Nehmen Sie sich die Zeit, die Beträge zu überprüfen, auch wenn die wartende Bedienung sich hilfreich bemerkbar macht und mit dem Zeigefinger ungeduldig auf die punktierte Linie tippt: „No, no. Here! Just sign!"

Sie denken: Mit dem Bezahlen verplempert man dat janze Geld, wollen dem Personal aber nicht die Suppe versalzen *(to rain on someone's parade)* und rücken Ihre Kreditkarte raus. Wenn Sie das Trinkgeld *(tip, gratuity, toke)* vergessen haben, kann die Frage kommen: „Have you thanked the waiter?" Ein Handschlag wäre jetzt verkehrt.

Obacht bei Kreditkartenbezahlung in Dollar-Beträgen. Werden Währungsart und Betrag mit der Hand eingetragen, sollten Sie darauf achten, dass beide Striche des $-Symbols durch das S gehen. Wird nachlässig geschrieben, und gerät der rechte Strich neben das S (etwa so: $l), verwandelt sich ein Betrag von – sagen wir – $ 39 in $ 139 (die 1 hat in den USA kein Häkchen).

Wenn Sie mit einem Scheck zahlen wollen, erkundigen Sie sich vorher danach, ob er akzeptiert wird. Auf Dollar ausgestellte Reiseschecks der großen Emittenten werden in kleiner Stückelung in der Regel keine Probleme machen, werden aber immer unüblicher. Traveller Cheques in Fremdwährung oder über 50 Dollar

hingegen werden Sie wahrscheinlich nur bei großen Banken wieder los. Das Wort *Scheck* hat übrigens eine Odyssee hinter sich. Am Anfang war die deutsche *Zeche*, also der Wert des Verzehrs in einer Wirtschaft, der im jungen Amerika zu *check* mutierte. Im 19. Jahrhundert kehrte der Begriff als Scheck beziehungsweise Cheque nach Europa zurück.

Zahlen Sie bar und verzichten aufs Wechselgeld, können Sie „that's all right" („stimmt so") murmeln. Sonst erhalten Sie Scheine *(folding money, greenbacks, dead presidents)* und Münzen *(change)* auf einem Tellerchen zurück, den Sie ignorieren. Die vier verschiedenen amerikanischen Münzen heißen Penny (1 Cent oder 1 ¢), Nickel (5 Cent), Dime (10 Cent) und Quarter (25 Cent). Die 1-Dollar-Note wird auch *buck*, *greenback* oder *ace* genannt.

Dann geht's an die Bar, die oft *lounge* heißt und *licenced* sein (das heißt die Schankerlaubnis haben) muss. *Friends of Billy W.* (Code für die AA, die Anonymen Alkoholiker) bleiben draußen. Zur *Happy Hour* (Blauen Stunde) werden 2-4-1 angeboten: *two* (drinks) *for* (the price of) *one.*

Name your poison (was wollen Sie trinken?). Ein „Kurzer" ist ein *chaser*, „bleifreies" Bier *near beer*, ein *mocktail* ein Mixgetränk ohne Alkohol. Mit *Bud* ist das amerikanische Budweiser-Bier gemeint. Ein *spiked drink* könnte ein „Pharisäer" sein. Wünschen Sie zwei Getränke gleichzeitig, die nicht gemischt, sondern getrennt serviert werden sollen, bestellen Sie sie etwa so: *Scotch, Soda back* (Mineralwasser separat).

In den USA wird jedes Getränk oder jede Runde einzeln abgerechnet – es sei denn, man sagt dem Barkeeper *„Please run a tab"*, was allerdings in der Regel voraussetzt, dass man seine Kreditkarte als Pfand herausgibt – bei Geld hört der Spaß auf! Der Gipfel der Gastlichkeit wäre die Forderung nach Blankounterschrift auf dem Kartenformular – „... and just before you go we'll fill in the amount and give you your copy."

Fragt die Bedienung „How are we doing?" interessiert sie sich weniger für Ihre Gesundheit als für Nachbestellungen. Das Knabberzeug gibt es *complimentary*, was kein besonderes Kompliment für Sie ist, sondern „ohne Berechnung" heißt. Auch *courtesy* bedeutet, dass die Kosten dafür irgendwoanders in der Rechnung versteckt sind. *Discretionary* hingegen bedeutet „auf Wunsch" (und meist gegen Bezahlung).

Was möchten Sie trinken? *Alcoholic beverages* (alkoholische Getränke) im allgemeinen oder *spirits* (Hochprozentiges) im besonderen? *G&T* (Gin and Tonic) vielleicht oder *VAT* (Vodka and Tonic; VAT heißt aber auch *value added tax*, Mehrwertsteuer)? Oder einen *Jim Beans* – ein Anspielung auf den amerikanischen Whiskey Jim Beam, gemeint ist jedoch der Scotch J&B (eigentlich Justernini & Brooks). Besonders in den Südstaaten ist die Frage *Jim* (Jim Beam) oder *Jack* (Jack Daniels) eine Glaubensfrage. Oder begnügen Sie sich mit *OJ (orange juice*, Orangensaft)? Mögen Sie kein Eis im Alkohol, bestellen Sie den Drink *neat* (mit Eis: *on the rocks).*

Verspüren Sie ein Bedürfnis, so fragen Sie nie nach der *toilet* (das ist das Porzellanbecken), sondern nach dem *washroom* oder *restroom*, Damen erkundigen sich nach dem *powder room.* In Kneipenatmosphäre gehen die Ausdrücke *loo* und *toot* durch. *TP* ist toilet paper.

Watchawanonnit?

Auch in Deutschland gilt: Arbeit macht das Leben süß *(business is the salt of life)*, doch ab und zu muss man einen Happen essen gehen *(to have a bite to eat)*. Eine gute Gelegenheit, mit Kollegen etwas brühwarm durchzukauen *(to chew something over).*

Gerade diskutieren Sie die Gerüchteküche *(the grapevine, bush telegraph)*, da kommt Ihr Boss *(big enchilada, big cheese)*. Er ist zwar nur ein Frühstücksdirektor *(head cook and bottle washer)* und kann nicht über den Tellerrand blicken *(to see no further than the end of one's nose)*, doch er gibt stets seinen Senf dazu *(to put one's oar in)* und findet ein Haar in der Suppe *(a fly in the ointment)*. Sie haben das satt *(to be fed up with it)* und wünschen schon insgeheim: verschwinde dahin, wo der Pfeffer wächst *(jump in a lake, go play on the highway, go fly a kite)*. Doch er schickt Sie auf eine angenehme Amerikareise. Das müssen Sie erstmal verdauen *(to stomach)*.

Ihr erster Kontakt dort ist kein Kostverächter *(foodaholic)* und hat einen Jieper (Heißhunger; *to have the munchies)* auf *BFC* (burger, fries and coke) – daran könnt' er sich gerade dumm und dusselig essen *(he could eat that till the cow comes home)*. *Junk food* lehnen Sie zwar ab (ebenso *junque food*, zum Beispiel *deluxe* oder *gourmet burger)*, denn für Sie ist *rabbit food* (Grünzeug, Rohkost) ein gefundenes Fressen, doch Sie spielen mit: Das Leben ist schließlich kein Honigschlecken *(life isn't all beer and skittles, life is no picnic)*, und wenn's um die Wurst geht *(make-or-break)*, heißt es „friß oder stirb" *(take it or leave it)*. *God sends meat, but the devil sends cooks*, lautet ein englisches Sprichwort, Sie halten es mit Cicero: Hunger ist der beste Koch *(hunger is the best sauce)*.

Ein bißchen Dreck soll ja gesund sein, aber – das Auge ißt mit – gehen Sie nicht in eine Kaschemme *(greasy spoon)*, da haben Sie den Salat *(when the shit hits the fan)*. Zum *Power Lunching* sollte es schon eine gute Adresse sein, denn *wysiwyg* (what you see is what you get) und *yawye* (you are what you eat).

Vom Bedienungspersonal lernen Sie, dass *'za* Pizza heißt und *'tsup* Ketchup. Hinter *„Watchawanonnit?"* verbirgt sich die Frage „What do you want on your sandwich?" Als das Essen serviert wird *(„Lady with a baby!"*, „Vorsicht, heiß und fettig!"), lautet der Kommentar *„Hereyago!"* (here you go), was keine Aufforderung zum Verlassen des Lokals ist, sondern „bitte sehr" heißt. Klar wie

Kloßbrühe *(as plain as the nose in your face)*. Die Frage *to go?* andererseits bedeutet „Wollen Sie es mitnehmen?"

Besonders in den zur Legende gewordenen Diners (Schnellrestaurants im Stil der 1940er und 50er Jahre) wird ein Vokabular gepflegt, das Insider von Touristen trennt. *Adam and Eve on a raft* sind ein Pfannkuchen mit Würstchen. Bei *bloodhounds in the hay* handelt es sich um Würstchen und Sauerkraut, bei *chewed fine with breath* um Hamburger mit Zwiebeln, bei *complete chicken dinner* um zwei hartgekochte Eier. Eine *Mother and Child reunion* ist gegrilltes Hühnchen mit Spiegeleiern.

Das ist das eine Extrem. Das andere sind Restaurants, wo Sie „Consommé de volaille à la royale au lait d'amandes et au cerfeuil" akzentfrei aussprechen können müssen. Und ordern Sie beim Pizzabäcker ja nie „two Espressos" statt „due Espressi".

Am Ende Ihrer Reise sind Sie privat zum Essen eingeladen, und Sie schnappen die Bemerkung „F.H.B." auf. Das ist die Warnung an die Kinder: *family hold back!*, damit der Gast sich bedienen kann. Eine Portion heißt *helping*, Nachschlag *second helping*. In Arkansas werden Sie nach dem Essen nicht gefragt, ob es Ihnen geschmeckt hat, sondern *fill ya up?* (satt geworden?). Eine politisch korrekte Antwort ist *betcha (you bet*, darauf kannste wetten).

Entscheidend ist, wo Sie sich befinden, wenn Sie *cheesy* hören: In den USA bedeutet es „schäbig", in England „chic". In Großbritannien sind *sweet biscuits* das, was in den USA *cookies* heißt, während ein amerikanischer *biscuit* in England als *scone* bezeichnet wird (den gibt es zum Afternoon Tea). Der *muffin* in den USA ist ein *crumpet* in Großbritannien, wo Kinder *muffin caps* tragen, eine Art Schiebermütze.

Nach dem Essen sollst du ruh'n oder tausend Schritte tun *(after dinner sit a while, after supper walk a mile)*.

Drinks und ihre Geschichten

Seit Kurzem gibt es einen neuen Cocktail, den *Obama Shake*. Kreiert wurde er in Washington, nicht weit vom Weißen Haus. Die Round Robin Bar im InterContinental The Willard an der Pennsylvania Avenue hat es zur Tradition gemacht, jedem Präsidenten ein flüssiges Rezept zu widmen. Barkeeper Jim Hewes wählte für das erste schwarze Oberhaupt der Vereinigten Staaten eine Mischung aus Flavored Vodka, frischer Frucht und Sahne.

Madeira steht für den ersten Amtsinhaber auf der aktuellen Cocktail-Karte der Round Robin Bar – George Washington hatte seine Liebe zu diesem süßen Tropfen in diversen Briefen verewigt. Für Rutherford B. Hayes, den 19. Präsidenten, mixte man *The Orange Blossom* in Erinnerung an dessen Amtseinführung 1877. Damals wurde auf Anweisung der Präsidentengattin nur Tee serviert, worauf die Journalisten Orangen mit Gin tränkten und verzehrten. Die First Lady trug seitdem den inoffiziellen Titel „Lemonade Lucy". Sie hat auch die Tradition des Ostereierkullerns im Garten des Weißen Hauses eingeführt.

Ronald Reagan in der Round Robin Bar gewidmet ist *California Sparkling Wine*. Er persönlich hatte den Sekt in Washington gesellschaftsfähig gemacht. Jimmy Carter dagegen steht für alkoholfreien Weißwein, der während seiner Amtszeit im Weißen Haus zum Entsetzen vieler Gäste kredenzt wurde. Henry Clay, Außenminister unter John Quincy Adams, führte den *Mint Julep* in der Hauptstadt ein. In den US-Südstaaten, wo dieser Cocktail erfunden wurde, heißt es über das potente Getränk: „The first drink is a sensation; the second is a rhythmic benefaction; but the third one is a serious error."

Aus New Orleans kommt der *Sazerac*. Erfunden wurde er in The Fairmont Hotel, Vorbild für den Roman „Hotel" von Arthur Hailey und die Fernsehserie, und seit 1859 serviert man ihn in der Sazerac Bar des Hauses. Man trank den *Sazerac* aus Eierbechern, was auf Französisch *coquetier* heißt. Zunächst „cocktay" ausgesprochen, wurde daraus dann angeblich „Cocktail". Dieser Deutungsversuch des eigenartigen Namens ist zumindest nicht schlechter als andere. Eine konkurrierende Theorie behauptet, der Cocktail, ein alkoholisches Mischgetränk, sei erstmals 1776 in der Kneipe Halls Corners in Elmsford, New York von einer gewissen Betsy Flanagan zubereitet worden. Sie habe die Gläser mit einer Feder dekoriert.

Umstritten der Ursprung auch weiterer Rezepte. So soll der *Dry Martini Cocktail* 1910 von Martini di Taggia di Arma, Bartender des Knickerbocker Hotel in New York, erfunden worden sein. Andere Quellen besagen, der Drink gehe auf das Jahr 1899 und den Spirituosenhersteller Martini und Rossi Vermouth zurück. The Waldorf Hotel in New York ist zweifellos Heimstätte des *Waldorf Salad*, aber auch von *Lobster Newburg* sowie *Eggs Benedict* und popularisierte das *Thousand Island Dressing*. Doch auch für die Cocktails *The Robb Roy*, *The Robbie Burns* und *The Bronx* reklamiert die Nobeladresse Urheberrechte.

In Harry's New York Bar in Paris wurde angeblich 1921 der erste *Bloody Mary* gemixt, benannt nach Königin Maria I. von England. Doch ebenso das St. Regis Hotel in New York meldet sich als Geburtsstätte dieses Klassikers. Die King Cole Bar des Hauses habe ihn allerdings unter dem weniger zugkräftigen Namen *Red Snappers* angeboten. Tomatensaft als Getränk ist angeblich erstmals 1917 im French Lick Springs Hotel in Süd-Indiana serviert worden, als Küchenchef Louis Perrin der Orangensaft ausgegangen war.

Das zu Beginn der 1930er Jahre in San Francisco von Victor J. Bergeron gegründete Trader Vics wirbt mit dem Slogan „Home of the original *Mai-Tai*". Diesen Rumcocktail sollte man nicht verwechseln mit *Maotai*, einem chinesischen Schnaps. Andere Drinks aus dieser Bar: The *Potted Parrot, The Chinese Itch* und *The Samoan Fog Cutter. The Manhattan*, so liest man, wurde in den frühen 1870er Jahren im Manhattan Club in New York City kreiert.

Das alles ist *booze* – salopp übersetzt: Schnaps. Auch dieser Begriff hat seinen Ursprung. Ein gewisser E.C. Booze soll Whiskey der Marke *Old Log Cabin* angeboten haben. Dieses Produkt verschwand von der Bildfläche, erhalten geblieben ist die Bezeichnung. Wer auf Alkohol verzichten will, kann Mineralwasser bestellen. In New York sagt man dazu *soda*, in Boston *tonic* und im Süden *dope*.

Und was war der Cocktail von Ex-Präsident George W. Bush in der Round Robin Bar? Diät-Cola mit einer Zitronenscheibe. Cheers!

Upon the ladies!

Vielleicht sind Sie während Ihres Amerika-Aufenthaltes mal GOH, *guest of honor*. Wie steht's dann mit Ihrem Fundus, wenn Sie zum ADS, *after dinner speaking*, aufgefordert werden? Was immer Sie Geistreiches von sich geben, am Ende steht ein Toast. Etwas mehr als *Skål, Down the hatch!, Hair on your chest!* oder *Mud in your eye!* sollte es schon gern sein. Einen guten Eindruck machen Sie mit dem artigen und knappen

To the ladies, God bless them, May nothing distress them!

Nicht sehr originell, doch damit haben Sie die erste Klippe umschifft. Je nach Verlauf des Abends können Sie sich ja weiter vorwagen. Das bescheidene

To my friend: if we ever disagree, may you be in the right!
soll Ihr Gegenüber erst mal übertreffen. Sie haben dann jedenfalls noch dies augenzwinkernd in petto:

I like you more than yesterday but less than tomorrow!
Wollen Sie sich für die Gastfreundschaft bedanken, käme dies in Frage:

The pain of parting is nothing to the joy of meeting again!
Nebenbei: Sollten Sie in Amerika privat eingeladen sein, kann Ihnen angeboten werden, das Tischgebet zu sprechen *(to say grace)*. Was immer Sie dann murmeln, ein entschiedenes *A-men!* wird alle glücklich machen.

Etwas pathetisch darf ein Toast gern sein (doch Obacht, kennzeichnen Sie den Spruch Ihres Gegenübers nicht als *a bit pathetic*, denn das bedeutet „ziemlich scheußlich").

In angelsächsisch geprägten Ländern liebt man möglichst geistreiche Toasts, mit Stil, auf den Punkt, mit Pointe. Zum Beispiel:

A toast to the three Great American birds:
May you always have an Eagle in your pocket,
A Turkey on your table,
And Old Crow in your glass.

Der Adler bezieht sich natürlich auf Dollarscheine, und der Truthahn (zu Thanksgiving) ist das Symbol intakten Familienlebens. Der Whiskey Old Crow allerdings mag der modernen Perrier-Generation unbekannt sein. Die Vertreter dieser Gruppe werden Sie vermutlich als altmodischen Hedonisten brandmarken, wenn Sie diesen Toast ausbringen:

To friends: as long as we are able
To lift our glasses from the table.

Einlenkend könnten Sie toasten:

Here's to abstinence – as long as it's practiced in moderation!
In der Vorweihnachtszeit nimmt man einem Deutschen diesen Toast sicherlich gern ab:

I wish you a Merry Christmas
And a Happy New Year,

A pocket full of money
And a cellar full of beer!

Fröhliche Zustimmung bei den weiblichen Anwesenden erfährt dieser Toast garantiert:

Women's faults are many,
Men have only two -
Everything they say,
And everything they do.

Das können Sie zum Abschluss des Abends noch mit dem heimlichen Stoßseufzer der Ehefrauen und Freundinnen dieser Welt ergänzen:

May you sleep like a log but not as a sawmill!

Wie toastet man mit Heuschnupfen? Natürlich so:

To hay fever – here's looking at-choo!

What's cooking?

Bildhafte Ausdrücke sind im Deutschen und im Englischen beliebt. Ein besonders großes Reservoir, aus dem sich beide Sprachen reichlich bedienen, ist Essen und Trinken. Lassen Sie sich mit Kostproben *(tidbits)* von Redewendungen den Mund wässrig machen *(to whet your appetite)* und Ihren Wissensdurst stillen *(to quench your thirst for knowledge)*.

Ich will nicht um den heißen Brei herumreden *(to beat about the bush)* oder Ihnen Honig ums Maul schmieren *(to butter something up)*, sondern zur Sache kommen, denn *the proof of the pudding is in the eating* (probieren geht über studieren). *That's the way the cookie crumbles* (so und nicht anders), oder *do you have other fish to fry* (haben Sie etwas besseres zu tun) und wollen sich verkrümeln *(to split off)*? Pustekuchen *(nothing doing!, no way!)*.

Manche Redewendungen finden sich wörtlich in der anderen Sprache wieder, zum Beispiel heißt „jemandem aus der Hand fressen" *to eat out of the palm of someone's hand*, und „etwas (im übertragenen Sinne) verdauen" *to digest something*. „Viele Köche verderben den Brei" kennt man als *too many cooks spoil the broth*. Ein „Ohrenschmaus" ist *a feast for the ears*, während „einen Beigeschmack haben" *to have negative overtones* heißt.

Auch bei diesen Beispielen ist die Ähnlichkeit groß: Für *to bite off more than you can chew* sagen wir „die Augen sind größer als der Mund", für „ausgelutscht wie eine Zitrone" sagt der Amerikaner *an orange squeezed dry*. Und während *to sandwich something in* „etwas einzwängen, einschieben" heißt, bedeutet *sandwich lease* „Untermiete". Mit *hard-boiled* ist soviel wie „abgebrüht, hartgesotten" gemeint, „eine Mahlzeit überschlagen" wird mit *to fly light* bezeichnet, was einem *chow hound*, einem „Nimmersatt, Vielfrass", zu empfehlen ist.

„Das geht weg wie warme Semmeln" findet sich als *sells like hot cakes* wieder, „den Kuchen aufteilen" als *to cut the melon*, „platt wie 'ne Flunder" als *flat as a pancake* und „an jemandem einen Narren fressen" als *to take a great fancy to someone.* Sollten Sie jemals „einen Jieper haben auf einen dicken Hamburger" so machen Sie sich verständlich mit *I am having a Big Mac attack.*

Sie haben sich aber nicht mit Ruhm bekleckert *(to have egg on one's face)*, wenn Sie manche andere Ausdrücke direkt übertragen. Klar wie Kloßbrühe *(dollars to doughnuts)*, dass *to chew someone out* mit „jemanden zur Schnecke machen" übersetzt wird, während „jemanden in die Pfanne hauen" als *to cook someone's goose* formuliert wird. *Taking the gilt off the gingerbread* kann „die Luft aus den Segeln nehmen" bedeuten. Für das freche „es zieht wie Hechtsuppe" gibt es nur das brave *it's blowing a gale in here.*

Das „kleine Abc", also die Grundlagen oder -bedürfnisse, heißen *bread and butter* oder *meat and potatoes*, während *everything from soup to nuts* mit „aus jedem Dorf ein Köter" übersetzt werden kann. Befindet sich etwas „auf Sparflamme", so ist es *on the back burner.*

Die beiden Redewendungen „jemandem in die Suppe spucken" *(to spoil someone's fun)* und „sein eigenes Süppchen kochen" *(to pursue one's own goals)* sind im Deutschen origineller als im Englischen, während „die Suppe auslöffeln" mit *to be left holding the baby* ein ebenso witziges Pendant hat. *To be in the soup* ist das deutsche „in der Tinte sitzen". Ein *bread-and-butter letter* ist ein Dankesbrief nach einer Einladung, während *butter-and-egg money* einen Nebenverdienst meint.

Manche Redewendungen klingen ganz harmlos, aber *to cut the cheese* bedeutet furzen, *to kick the bucket* ist dasselbe wie „den Löffel abgeben". Das deutliche *to be full of piss and vinegar* wiederum ist mit Bewunderung unterlegt, es heißt „voller Tatendrang sein". Sie sehen: „da haben wir den Salat" *(that's a fine kettle of fish).*

Missverständnisse können entstehen, wenn die Übersetzung scheinbar nahe liegt, aber die Bedeutung doch eine andere ist. Ein vom Bäcker gebackener Windbeutel ist ein *cream puff.* Aber während der Name des Kuchens im Deutschen auch „Schaumschläger" heißt, wird mit *cream puff* ein Warmduscher bezeichnet.

Wenn ein Amerikaner von *to crack a tube* redet, meint er, „eine Dose Bier öffnen". *To cry in one's beer* ist eine deutliche Beschreibung von „Selbstmitleid haben" und *to be not all beer and skittles* eine für „kein reines Vergnügen sein".

Auch den Sinn anderer Redewendungen kann man kaum raten, oder wussten Sie, dass *to eat crow and humble pie* soviel heißt wie „zu Kreuze kriechen", der Ausruf *that takes the biscuit!* mit „jetzt schlägt's 13" und *like duck soup* oder *easy as pie* mit „kinderleicht" übersetzt werden kann? *As American as apple pie* heißt „uramerikanisch", aber *nutty as a fruitcake* bedeutet „exzentrisch", „verrückt" oder „begeistert". Aus Präsentationen ist die „Tortengrafik" bekannt, die im Englischen *pie chart* heißt.

„Zu Potte kommen" (zur Sache kommen) mahnen Sie mit *get to the point* an, während „in die Pötte kommen" (sich beeilen) *to get going* heißt. Aber: *going to pot* bedeutet „ruiniert sein". Vielleicht weil Sie auf frischer Tat ertappt wurden, *to be caught while having one's hand in the cookie jar?*

Geht Ihnen das jetzt auf den Keks *(does it drive you nuts)*? Na, jedenfalls wissen Sie: da liegt der Hase im Pfeffer *(so that accounts for the milk in the coconut)*! Wenn Sie dies berücksichtigen, sind Sie *the greatest thing since sliced bread* oder *the toast of the town* (der Star).

Blamage am Pool

Amerikanische Mode – dieser Begriff ist eigentlich ein Oxymoron, also ein Widerspruch in sich, so wie etwa „military intelligence" oder „Senate Ethics Committee". Baseballmützen in Sterne-Restaurants werden für europäische Standards gewöhnungsbedürftig bleiben und pastellfarbene Anzughosen auf Kreuzfahrten auch. Doch die *dress codes* der Amerikaner existieren und sind vielfältiger als man denkt. Ein Festabend ohne *black tie* für den Herrn (Smoking, Kummerbund, Lackschuhe) ist ebenso undenkbar wie ein Rodeo ohne Stiefel und Stetson-Hut. Etikette zeigt man auch beim Golfen und Hochseeangeln, sonntags im Country Club oder beim Kirchenbesuch.

Gewöhnlich gilt: anything goes. Aber auch im Alltag kann man kleidungsmäßig daneben liegen. Die aktuelle Modesünde für Frauen heißt VBS und steht für *visible bra straps*. Sichtbare BH-Träger zum Beispiel unter einem Holderneck-Top gelten als total uncool ebenso wie Tangas, die über dem Bund hervorblitzen. So ein *thong crime* kann übrigens durch einen *wedgie* geahndet werden (mehr zu diesem *practical joke* unter Google). Generell gilt ein sichtbarer halber Po plus Steiß-Tattoo auch in Amerika nicht unbedingt als guter Geschmack. Miniröcke sind weitgehend akzeptabel, „angezogen" ist die Lady aber nur mit Röcken oder Kleidern, die maximal „three inches above the knee" enden. Dass die Beine rasiert sein müssen und nylonstrumpfbedeckt, hat sich herumgesprochen, auch Achselhaare gelten im Widerspruch zu Charlotte Roche als barbarisch. Die aktuellsten Textilentgleisungen sind im Internet unter www.thefashionpolice.net dokumentiert. Wer nichts verkehrt machen will, wählt die Stilrichtung *librarian chic* – ein modischer, aber absolut unerotischer Look.

Die Katastrophenklassiker für Männer sind Sandalen mit Socken und zu enganliegende Kleidung. An Stränden und Swimmingpools spielen Amerikaner gern „spot the European". Der outet sich durch eine kleine Badehose *(briefs)* und verstößt somit gegen das ungeschriebene Badegesetz Nummer eins, das nur labberige Riesenhosen zulässt, zum Beispiel *trunks*. Sich abzeichnende Körperteilkonturen, ob hinten oder vorn, geben den Herrn der Schöpfung der Lächerlichkeit preis. Für Profi-Wassersportler im Einsatz erlaubt sind übrigens die kurz geschnittenen Modelle der Modemarke Speedo. Nebenbei: Das Umziehen am Strand kann als *indecent exposure* (Erregung öffentlichen Ärgernisses) aufgefasst werden. Und auch kleine Mädchen sollten nie „oben ohne" baden.

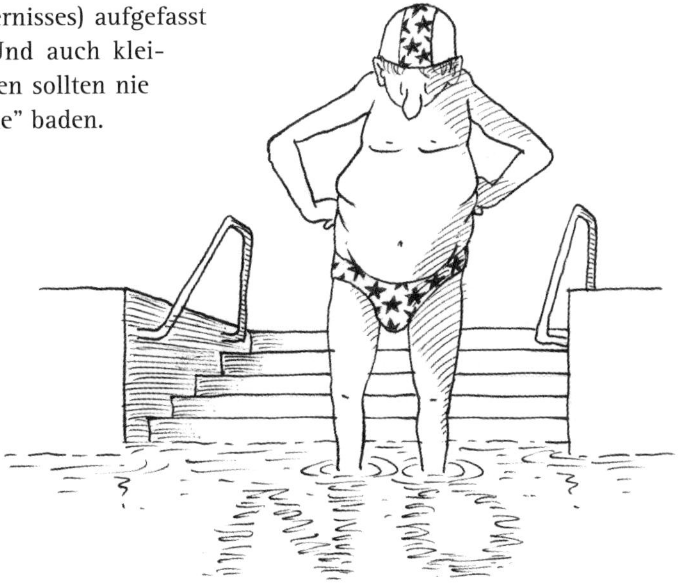

Jeans-Anzüge von der Stange sind zumindest in urbaner Umgebung definitiv out, ebenso wie Hawaiihemden (außer auf Hawaii, wo sie *Aloha shirts* heißen). Rollkragenpullover *(turtlenecks)* gehen allenfalls bei Computerfreaks *(nerds)* durch. Wer weiße Kleidung trägt, sollte tunlichst darauf achten, dass der Stoff blickdicht ist und nichts peinlich durchschimmern lässt. Zum *walking-fashion-disaster* wird man mit T-Shirts, Sporthemden *(jerseys)* oder Krawatten mit blöden Sprüchen oder aggressiver Werbung. Für Männer und Frauen gleichermaßen gilt, dass etwaige Problemzonen des Körpers bedeckt zu halten sind. Generell ist figurbetonte Kleidung eine Einzelfallentscheidung.

Feste Schuhe (außer Mokassins) trägt man stets mit Socken. Und die Farbe ist wichtig. „Ein Schuh, den Sie im Büro tragen, sollte auf jeden Fall schwarz sein", postuliert Peter Eduard Meier, Inhaber des ältesten Schuhhauses in Deutschland. Es gilt der angelsächsische Grundsatz „no brown in town". Nach 18 Uhr lässt der gute Geschmack gar keine Wahl, was die Farbe der Schuhe betrifft: „Brown after 6 looks like shit", so das subtile traditionelle Axiom.

Zum Erscheinungsbild gehören auch Accessoires. Aber Männer mit auffälligem Schmuck gelten als *pimps* (Zuhälter). Und „Designertaschen" sollte man nicht ansehen, dass sie billige Mitbringsel vom letzten Thailand-Urlaub sind.

Noch ein Tipp für die Reise: Wenn Sie beim Einchecken für Ihren Flug auf ein Upgrading in Business oder First Class hoffen, sollten Sie Jogginganzüge, Leggins, zerrissene Jeans, Shorts und Sportschuhe meiden.

Andererseits: Wenn Sie auf den ersten Blick als Tourist enttarnt werden wollen, tragen Sie in New York ein „I love New York"-Sweatshirt, in Los Angeles Sonnenbrille und Hut und in Dallas Birkenstocks.

Was heißt denn „casual"?

Kennen Sie das? Sie erhalten eine Einladung mit dem Kleiderhinweis „dem Anlass angemessen". Na toll, herrlich unentschlossen, ähnlich wie „festlich" oder „Abendkleidung". Entsprechend unergiebig sind *invitations*, die *casual* als Garderobe empfehlen. Oder *formal*. Oder *appropriate*. Oder *to fit the occasion*.

Was das ist, hängt nicht zuletzt vom Ort ab. *Formal* kann in Oregon ein gebügeltes Flanellhemd sein, in Neuengland aber das andere Extrem, vielleicht *soup-and-fish*, nämlich Frack (für Frauen: langes Abendkleid). Die kurze Jacke mit den „Schwalbenschwänzen" verbirgt sich auch hinter der so harmlosen wie mißverständlichen Bezeichnung *white tie*. Was eigentlich die Abkürzung ist von *white tie and tails*. Extrem formelle Veranstaltungen sind in Amerika gar nicht so selten, doch wird in der Regel dafür der Smoking reichen,*Tuxedo* oder nur *Tux* genannt oder *dinner jacket* oder *black tie*. Vermietbüros dafür gibt es in jeder Stadt. Ein einfacher dunkler Anzug mit schwarzer Fliege *(bow-tie)* wäre in solchen Fällen ganz und gar deplaziert, man wäre *underdressed*.

Ähnlich streng wie die positive Erwartungshaltung werden die Tabus genommen. *No denims* verbietet Jeans (ja, auch Designer-Jeans); der blaue Stoff ist sozusagen ein rotes Tuch. Auch *sneakers* (Turnschuhe) werden „in Gesellschaft" nicht gern gesehen. Kleidung allgemein heißt übrigens selten *clothes*, sondern meistens *attire* (so wie Getränke seltener als *drinks* und häufiger als *beverages* bezeichnet werden).

Das Mandarin Oriental Hotel in Hongkong hat einmal folgende Definition für Kleiderordnung zu Papier gebracht. Unter *formal* ist mindestens Jackett/Sakko mit Krawatte für den Herrn zu verstehen (aber im Zweifel Anzug), unter *semi formal* mindestens Jackett/Sakko, aber keine Jeans. *Smart casual*, also elegant-leger, läßt Freiheiten, nicht erwünscht sind aber kragen- und ärmellose Hemden *(tank tops)*, T-Shirts, Jeans, Sportschuhe, kurze Hosen (zum Beispiel *cut-offs)* sowie *slippers* (Badelatschen). *Casual* ist legerer Freistil – aber ohne Latschen und ärmellose Hemden (Abkürzungen: *cas.*, *caj.* und *cazh). College casual* liegt zwischen *business casual* und *classroom casual* – Jeans ja, Sportklamotten nein. Bei *California casual* können Sie direkt vom Flohmarkt aus anreisen. Dazu passend wären am Auto Wunschnummernschilder *(vanity license plates)* wie „B AS U R" *(be as you are)* oder „EZ DUZ IT" *(easy does it)*.

Das renommierte Greenbrier Hotel in West Virginia sieht *casual* allerdings so und nicht anders: „Gentlemen: Slacks, sports shirts, golf sweaters. Jacket and necktie optional. Ladies: Slacks, skirts, dresses." Ins Grübeln bringt die verhaßte Bezeichnung *informal*. Das heißt ohne Schlips, aber mit Schuhen, also definitiv nicht *casual*. Alles klar?

Dress for success! Also *power dressing*, das ist ein konservativer Hosenanzug bei Frauen, ein Sportjackett von italienischen Designern bei Männern, kombiniert mit einem *power tie*, wie die gelbe Seidenkrawatte bei Donald Trump.

Die ewige Frage lautet: Lieber *overdressed* oder lieber *underdressed* erscheinen? Wenn nicht ausdrücklich *formal* oder mehr gefordert ist, liegt man mit *smart attire* meistens richtig, also Kleidung mit irgendeinem seriösen Pfiff. Wie wärs mit *smartly underdressed*? Oder *casually elegant*, ungefähr so klar wie „schicker Freizeitlook". In Frage kämen *soft classics*, legere Versionen „ordentlicher" Kleidung. In Amerika liegt *dressing down* im Trend. Obacht: In Großbritannien weist *fancy dress* auf eine Kostümparty hin.

Was ist denn mit dem ominösen *not black tie*? Das wird in der Regel ein dunkler *business suit* sein, also ein Straßenanzug, auch *business attire* genannt. Gängig ebenso die Bezeichnung *coat and tie*, was hier nicht Mantel bedeutet, sondern Jackett und Schlips.

In bestimmten Kreisen signalisiert *very casual* , Sie sollen Ihr eigenes Marihuana *(pot)* mitbringen. Nicht zu verwechseln mit *B.Y.O. (bring your own)* oder *BAB (bring a bottle)*, was Sie dazu auffordert, für Ihre alkoholischen Getränke selbst zu sorgen. *BYY* hingegen heißt *bring your young'uns*, Ihr Nachwuchs ist in Ihrer Begleitung willkommen.

Übrigens: *Black tie only* sollten Sie ebenso wie *come as you are* nicht hundertprozentig wörtlich nehmen, also erscheinen Sie weder *nude* noch *naked.*

Athlet's foot und jungle mouth

Für Amerikaner ist Reinlichkeit stinknormal. Körpergeruch gilt als unkultiviert, und somit ergibt sich gründliche Körperpflege, etwa mehrmaliges Duschen am Tag und Wäschewechsel gerade in warmen Gegenden, als Muss. Der Ekel vor körperlichen Ausdünstungen oder Schweißringen auf dem Sweatshirt kann sich sogar zur Angst steigern – *bromidrosophobia* genannt. Gesellschaftlich toleriert werden weder Körpergeruch *(B.O., body odor)* und Achselschweiß *(GAPO, giant armpit odor)* noch Schweißfuß *(athlet's foot)* und Mundgeruch *(jungle mouth)*. An US-Universitäten grassiert gerade die öffentlich geführte Auseinandersetzung über *nerd sweat* – olfaktorisch auffällige Kommilitonen, die im permanenten Online-Dasein das Duschen vernachlässigen. Die Kritik an ihnen hat sich gewaschen.

Nun geht aber oft mit der Kontrolle der Körperausdünstungen eine Parfümisierung einher, was in Amerika inzwischen zu teils heftigen Debatten führt. Der Geruch von Deos, After Shaves, Parfüms, Haarsprays, Lotions und dergleichen wird nicht als Signal der Frische, sondern immer mehr als Belästigung empfunden, ähnlich wie Tabakqualm. Allergiker, Asthmatiker und Migräneanfällige melden sich zu Wort, die *fragrance-free air* fordern. Neutrale Luft zum Atmen ist der neue Duft der großen weiten Welt.

Wer unter Vielfacher Chemikalienunverträglichkeit (Multiple Chemical Sensitivity, MCS) leidet, kann sich auf www.safertravel-directory.com über empfohlene Touristenunterkünfte informieren. Und in verschiedenen Internet-Foren werden Erfahrungen darüber ausgetauscht, welche Hotelketten besonders stark parfümierte Waschmittel für die Bettwäsche benutzen und somit zu meiden sind, wenn man nicht morgens mit Kopfschmerzen aufwachen will. Marriott wird in diesem Zusammenhang genannt. Westin, so erfährt man, empfängt seine Gäste mit dem Geruch von „White Tea", Four Points by Sheraton mit der Duftkreation „Pinwheels in the Breeze". Auch Hilton, InterContinental und Sofitel sind Kunden von Duftlieferanten. Wenn die Konzentrate der Luft der *air conditioning* beigefügt werden, kann man ihnen ebensowenig entgehen wie dem Chlor und Fluor im Trinkwasser.

Ambient scenting soll das Markenbewusstsein steigern und Wohlfühlatmosphäre schaffen. Sogenannte *signature scents* werden mehr und mehr in Spielkasinos, Fitness Centern, Theatern, Flughäfen, Flugzeugen und auf Kreuzfahrtschiffen verwendet. Und natürlich verkaufsfördernd in Einkaufszentren und Läden. Zu einer gewissen Berühmtheit haben es die Abercrombie & Fitch Shops gebracht, die sogar vor der Ladentür Nebelwolken ihres Duftes „Fierce" versprühen. Aber auch zum Beispiel die Sony Style Stores und Bloomingdale's verwenden Düfte. Nur die Wall Street riecht ganz ohne chemische Zusatzstoffe nach Geld.

Auch gezielte Inszenierungen wie beispielsweise festliche Filmuraufführungen in Hollywood kommen kaum noch ohne speziell komponierte Duftmarken aus. Und Besucher des International Spy Museums in Washington, D.C. werden in Wolken diverser Düfte zu den verschiedenen Exponaten gehüllt.

Nasenschonende Vorschriften für öffentliche Bereiche sind mittlerweile keine Seltenheit. In Tuttle, Oklahoma beispielsweise darf man das Rathaus nur betreten, wenn man unparfümiert ist. Jefferson City, Missouri schlägt Teilnehmern öffentlicher Versammlungen vor, so duftfrei wie möglich zu erscheinen. Portland, Oregon hat es den städtischen Angestellten untersagt, während der Arbeitszeit Düfte zu verwenden, und zum Saubermachen werden nur geruchsneutrale Putzmittel verwendet. Auf Düfte zu verzichten legt das Harrison Medical Center in Bremerton, Washington sowohl Angestellten als auch Besuchern nahe und rät von stark duftenden Blumen als Mitbringsel ab. Das Windom Area Hospital in Windom, Minnesota ist schon seit 1999 eine geruchsneutrale Zone.

Soviel Reglementierung mag Ihnen stinken, aber verwenden Sie besser geruchsneutrale Körperpflegemittel und Kosmetika, damit nicht demnächst im Hotelaufzug oder im Flugzeug die Nase über Sie gerümpft wird und Sie schnell verduften müssen.

Miles and more

Warum hat die Europaflagge zwölf Sterne? Mit der Anzahl der Ländermitgliedschaften hat das nichts zu tun, klärt die EU-Kommission auf, sondern die Zwölf sei traditionell das Symbol der Vollkommenheit und der Einheit. Nun gut, unser Kalender und die Uhrzeit beruhen auf dem Zwölfersystem, auch demzufolge die Gradeinteilung des Globus. Wir messen beim Wein in Öchslegraden und beim Wind nach der Beaufort-Skala. Bei Schusswaffen verwenden wir Kaliber, bei Diamanten Karat. Ansonsten regieren die Zehn und der Meter. Beim Fußball zum Beispiel. Längst wird der Strafstoß nicht mehr nach „twelve yards" bemessen, sondern es gibt einen Elfer.

Die Hochburg der Zwölf, das ist Amerika. Eigentlich unverständlich, denn es waren die neugegründeten USA, die als erster Staat der Welt bei der Währung das Dezimalsystem einführten, ein Dollar = hundert Cent. Schon 1786 hat es der Continental Congress so festgelegt, als Old Europe noch mit Kreuzern und Shilling herumrechnete. Die 10-Cent-Münze war und ist der „dime", von Französisch „dixième" (ein Zehntel).

Kein Geringerer als Thomas Jefferson veröffentlichte 1784 „Some Thoughts on a Coinage". In diesem Aufsatz legte er die Grundlagen für eine Währung sowie ein System der Maße und Gewichte nach dem Dezimalprinzip. Aber die Meile war hartnäckig, bis heute. Was im Deutschen Fahrtgeld oder Kilometergeld heißt, wird in den USA als „mileage" bezeichnet – eine Wortschöpfung Benjamin Franklins zur Reisekostenerstattung der Abgeordneten.

Was ist aus Jeffersons Visionen geworden? Gerade mal „Dixieland". Der Name geht auf eine weitverbreitete Zehn-Dollar-

Banknote der Citizens' Bank of New Orleans zurück, auf der „dix" (Französisch für zehn) stand. Diese Scheine waren „dixies". 1859 wurde der Begriff zum Synonym des ganzen Südens durch einen Ohrwurm des (Yankees) Daniel Decatur Emmett, „Dixie's Land".

Es ist schon unterirdisch, dass im Land der meisten Nobelpreisträger die Körpergröße in Feet und Inches, das Körpergewicht in Pounds angegeben wird, Benzin und texanische Hutgrößen in Gallonen gemessen werden, die Temperatur (ob Wetter oder Backofen) in Fahrenheit, Kochrezepte und Getränke in Unzen, Grundstücksgrößen in Acres. Nur Liberia und Burma sind nichtmetrische Verbündete.

Doch langsam aber sicher befinden sich die Zwölf und ihre Kumpanen auf einem weltweiten Rückeroberungszug. Wird uns die Flughöhe zwischen Köln und Berlin in Metern mitgeteilt? Mitnichten, soundsoviel Feet seien es, klärt uns der deutsche Pilot auf. Sammeln wir auf dem Flug zwischen Hamburg und München Kilometers & More? Nein, Miles & More. Wie werden die technischen Kennzeichen von Computer-Hardware – also etwa Monitore, Drucker, Disks – bemessen? In Zentimetern? Nein, wie im Mittelalter mit Inches. Holy Quarterpounder!

Öl wird in Barrels gehandelt, Edelmetalle in Feinunzen. Wie werden die Aktienkurse der New York Stock Exchange quotiert? In Achtel und Sechszehntel eines Dollars. Gimme a break!

Nein, liebe amerikanische Dezimalspötter, zehn Monologe entsprechen nicht fünf Dialogen, genauso wenig wie zwei Monogramme ein Diagramm ergeben. Und zehn hoch zwölf Mikrophone kann man nicht mit ein Megaphon übersetzen.

Aber vielleicht besteht Hoffnung, denn Amerika ist ein zerrissenes Land. Während die Brötchen für Hot Dogs im Supermarkt in Achterbeuteln verkauft werden, gibt es die Würstchen dazu in Zehnerpacks. Immerhin hat jetzt die NASA angekündigt, dass künftige Astronauten das metrische System auf dem Mond einführen werden, seriously.

Nicht zu vergessen der Drogenhandel: Hasch und Kokain werden in New York grammweise verkauft. Ein segensreicher Einfluss des metrischen Kolumbien. Na bitte, es geht doch!

Going metric

Die Schaffung eines „Atlantischen Binnenmarktes", also einer Freihandelszone USA & Europa, ist ein ambitioniertes Projekt. Politiker preisen die möglichen Wohlstandsgewinne einer TTIP *(Transatlantic Trade and Investment Partnership*, medial gelegentlich „Wirtschafts-Nato" genannt), weisen aber auch auf eine der großen Herausforderungen dabei hin: die Vereinheitlichung von Normen, Standards und Regulierungen. Mit ihnen würden sich die weltweiten Marktchancen vieler guter Erfindungen und Produkte entscheiden, heisst es.

Eine tolle Idee. Doch jeder, der auf seiner Amerikareise den Zwischenstecker vergessen hat, ahnt die Probleme. Was Normen und Standards betrifft, gibt es momentan zwischen Europa und China möglicherweise mehr Gemeinsamkeiten als zwischen Europa und *God's Own Country*. Mit der Umstellung aufs metrische System, der *metrication*, hat es in den USA nicht wirklich richtig geklappt, und so verzichtet dieses schöne Land auf das flächendeckende Zehnersystem.

Ich erinnere mich noch an eine dreimonatige Fahrt durch die USA zu Studentenzeiten mit einem betagten VW-Bus. Dass der etlicher Reparaturen bedurfte, war Problem Nummer eins. Werkstätten mit „*metric*"-Werkzeugen zu finden, war Problem Nummer zwei.

Heute herrscht ein ziemliches Durcheinander der Systeme in den USA. Während etwa Benzin und Milch nach *gallons* und *quarts* verkauft und berechnet werden, füllen amerikanische Winzer ihren Traubensaft in 0,75-Liter-Flaschen ab. Wer noch analog fotografiert, nutzt 35-Millimeter-Film, lässt die Abzüge aber nach Inch-Definition machen. Bei Feuerwaffen ist das Kaliber 9 Millimeter populär, sonst herrscht die Inch-Definition vor, zum Beispiel die Fünfundvierziger. Eine auf metrische Harmonisierung und Akzeptanz förderliche Wirkung haben zum Beispiel die NATO und die Olympischen Spiele. Und es gibt kuriose metrische Sprachinseln wie das hippe K für Kilo, also Tausend – so wurde mit „Y2K" das Jahr 2000 bezeichnet. Wer $100K verdient, kassiert 100.000 Dollar pro Jahr.

Bestimmte Bereiche, etwa der Straßenverkehr, sind dominiert von *miles* als Entfernungsangabe. Auch bei Körpergrößen (sowie Kleider- und Schuhgrößen) gelten traditionelle Angaben. So ist die durchschnittliche Deutsche „5 feet 5 inches" gross, die durchschnittliche Amerikanerin nur „5 feet 4 inches" (das entspricht 1,65 Meter beziehungsweise 1,62 Meter). Ebenso Bauholz wird nach traditioneller Bemessung verkauft, so die Standardlatte *2-by-4*, was dem Querschnitt 1½ x 3½ Inches entspricht.

Bei elektrischen Geräten klappt die Zusammenarbeit der Systeme nur mit Adapter. Zwar wird die Netzspannung auch in den USA in Volt gemessen, dort sind es aber 110/120 statt der in weiten Teilen Europas üblichen 220/240. Ein Ärgernis für Touristen ist, dass ein DVD-Video aus den USA auf einem europäischen Gerät meist nicht abspielbar ist. Schuld ist der integrierte Regionalcode RPC. Auch Tastaturen sind kein gutes Mitbringsel.

Viel Gesprächsbedarf gibt es bei Lebensmittelstandards. Kontrovers betrachtet werden insbesondere gentechnisch veränderte Lebensmittel *(genetically modified foods* oder kurz *GM foods* oder *biotech foods)*, manchmal auch als *Frankenfood* geächtet. Ebenso beim Datenschutz, etwa bei den Einreisedaten, gehen die Meinungen bekanntlich auseinander.

Sehen wir die guten Seiten: In den USA (außer auf den Amerikanischen Jungferninseln in der Karibik) fährt man wie in Deutschland auf der rechten Straßenseite. (In Europa müssten sich das Vereinigte Königreich, Irland, Malta und Zypern umstellen.) Und vor allem: Ist man in den USA angekommen, sind die anderen Masseinheiten sowieso relativ. Auf die Frage „how far is it to...?" kann gut die pragmatische Antwort kommen „oh, about 15 minutes by car".

Familie, Football, Ferngespräche

Der Kalender in den USA ist durchzogen von Feiertagen aller Art. Manche von ihnen dienen den Amerikanern als zeitliche Meilensteine des Jahreszyklusses oder markieren Ereignisse, die mit dem Ursprung des Festes nichts mehr zu tun haben. Hier ein Schnelldurchgang wichtiger Daten.

Beginnen wir mit dem *Memorial Day*, der am letzten Montag des Mai im Kalender steht. Er hieß zunächst *Decoration Day* zu Ehren der im amerikanischen Bürgerkrieg gefallenen Soldaten. Da wurde nicht nett dekoriert, sondern auf militärische Ordensauszeichnungen Bezug genommen. Im heutigen Alltag steht der Memorial Day allerdings hauptsächlich für den Beginn der Sommersaison. Am Sonntag davor findet traditionell das Autorennen „Indianapolis 500" statt.

Als fröhliches Volksfest wird der *Independence Day* begangen, der *Fourth of July*. Ganz Amerika trifft sich im Freien, erst auf Paraden und Rodeos, dann auf Picknick- und Grill-Plätzen. Generell gilt die erste Juli-Woche als eine der verkehrsreichsten des Jahres, was Touristen bei der Planung von Flug-, Mietwagen- und Hotelbuchungen beachten sollten. Verabschiedet wurde die Unabhängigkeitserklärung übrigens am 2. Juli 1776, doch das berühmte Dokument trägt das Datum 4. Juli.

Die Sommersaison endet am *Labor Day*, dem ersten Montag im September. Vielerorts fängt jetzt das neue Schuljahr an. Sportbegeisterte fiebern diesem Datum entgegen, weil die Football-Saison beginnt. Die National Football League (NFL), der 32 Teams angehören, veranstaltet die Eröffnungsspiele am Donnerstag nach Labor Day, während die National Collegiate Athletic Association (NCAA) mit ihren fast 1300 Mitgliedern ab der Woche vor Labor Day mit den Wettbewerben anfängt.

Dieser Teamsport ist immer noch ein Thema, für das sich mehr Männer als Frauen interessieren. Für die Amerikanerinnen ist der September eher der Monat der Mode. Jetzt erscheinen die *fashion magazines* wie „Vogue", „Elle", „Harper's Bazaar", „Marie Claire" und „InStyle" mit Spitzenauflage. „Vogue" brachte es im September 2012 auf 1,2 Millionen Auflage, 916 Seiten Umfang (davon 725 Seiten Anzeigen) und geschätzten rund 100 Millionen Dollar Umsatz mit Werbung.

Einem Mann, der nie seinen Fuß auf amerikanisches Festland setzte, ist der 12. Oktober gewidmet, der *Columbus Day*. Das Datum gilt als das der „Entdeckung" Amerikas. In South Dakota heißt der Feiertag allerdings *Native American Day* und in Berkeley *Indigenous People's Day*. Hawaii, die Heimat Barack Obamas, erinnert an dem Tag verständlicherweise lieber an die Entdeckung der Pazifikinsel durch polynesische Seefahrer.

Wenn in Deutschland der Karneval beginnt, gedenken viele Länder den Weltkriegen. Auch in den USA ist der 11. November, der *Veterans Day*, diesem Thema gewidmet, denn an diesem Tag 1918 wurde im Wald von Compiègne das Waffenstillstandsabkommen unterzeichnet. Das traditionelle Essen am *Veterans Day* ist Ravioli. Zu diesem einfachen Gericht lud Präsident Woodrow Wilson rund 2000 heimgekehrte Soldaten ins Weiße Haus ein, die sich nichts sehnlicher wünschten als *home cooked meals*. (Im Vietnam-Krieg waren es *peanut butter sandwiches*, von denen die Soldaten träumten.)

Der gebratene Truthahn, der *turkey*, ist natürlich das Essen schlechthin, das am *Thanksgiving Day* auf den Tisch kommt. Als Familienfest in Amerika fast wichtiger als Weihnachten, wird das Erntedankfest am vierten Donnerstag des Novembers in privatem Rahmen begangen. Offiziell eingeführt hat den Feiertag Präsident Abraham Lincoln 1863, der damit die Menschen in den verfeindeten Nord- und Südstaaten emotional vereinen wollte.

Auch das *Thanksgiving*-Wochenende gilt längst als Zeit intensivster Nachfrage nach allen Reiseleistungen. Am Vorabend herrscht in den meisten Bars Hochbetrieb, da dann die zum Familientreffen angereisten auswärts Studierenden das Wiedersehen mit ihren Jugendfreunden begießen. Am *Thanksgiving*-Wochenende finden auch viele gutbesuchte Endspiele des College Football statt.

Auf *Thanksgiving* folgt der legendäre *Black Friday*. Der hat nichts mit Börsenkrach zu tun, sondern läutet den vorweihnachtlichen Einkaufsrausch ein. Die Geschäfte überbieten sich mit Sonderangeboten und öffnen manchmal schon vor Sonnenaufgang. Die Umsätze erreichen dann ein Jahreshoch und erklären somit den Namen des Tages: Die Verkaufszahlen sind tiefschwarz.

Seit etwa 2005 gibt es den *Cyber Monday*, gleich nach dem *Black Friday*. An diesem Tag boomen Online-Umsätze. Wer keine Zeit zum Einkaufen hatte oder das Gewünschte nicht fand, bestellt jetzt die Ware im Internet – *shop until you drop!*

Für Football ist der 1. Januar, also *New Year's Day*, ein weiteres wichtiges Datum. Die Spiele zwischen Spitzenteams lindern die Katerstimmung vom Vorabend. Von geradezu nationaler Bedeutung dann der erste Sonntag im Februar, wenn der *Super Bowl* im Fernsehen übertragen wird, das NFL-Endspiel. Dann trifft sich die Nachbarschaft mit Bier, Cola und Chips vor der Glotze.

Vergessen wir den zweiten Sonntag im Mai nicht, den *Mother's Day*. In seiner jetzigen Form 1908 in Grafton, West Virginia „erfunden" und 1914 von Präsident Woodrow Wilson zum offiziellen Feiertag erhoben, wurde er schnell zum „Hallmark Holiday" – in Anspielung auf den Hersteller der Glückwunschkarten. Bis heute werden am Muttertag die meisten Blumen verkauft und die meisten Ferngespräche geführt. Die Zahl der R-Gespräche *(collect calls)* kumuliert am Vatertag.

Stress am 15. April

Wenn die Queen Geburtstag hat, feiert das ganze Commonwealth. Dem setzen die ganz und gar unmonarchistischen USA eine Serie von Gedenken an Geburtstage berühmter Präsidenten entgegen. Einige dieser Termine sind offiziell, zahlreiche andere inoffiziell – so *Benjamin Franklin's Birthday* (17. Januar 1706), *Franklin D. Roosevelt's Birthday* (30. Januar 1882) oder *Abra-*

ham Lincoln's Birthday (12. Februar 1809). Von regionaler Bedeutung: *Andrew Jackson's Birthday* in Tennessee am 15. März (1767), *Thomas Jefferson's Birthday* in Alabama am 13. April (1743), *Harry S. Truman's Birthday* in Missouri am 8. Mai (1884), *Lyndon B. Johnson's Birthday* in Texas am 27. August (1908) sowie *Jefferson Davis' Birthday* am 3. Juni (1808) in den US-Südstaaten. Inmitten der präsidial-republikanischen Feiertage gibt es aber auch immerhin einen Gedenktag für einen Monarchen: in Hawaii, wo am 11. Juni dem letzten König, Kamehameha I., gedacht wird.

Inoffiziell auch die Gedenken an berühmte Persönlichkeiten wie Daniel Webster am 18. Januar (1782) oder Thomas A. Edinson am 11. Februar (1847). Während Florida am 15. Februar den Geburtstag der Frauenrechtlerin Susan B. Anthony 1820 feiert, fällt der *Susan B. Anthony Day* in Massachusetts auf den 26. August. In den ganzen USA gilt der 1. Samstag im November als *Sadie Hawkins Day*, auch Tag der Damenwahl genannt.

Für die Familie interessant ist der 2. Sonntag im Juni: *Children's Day*, die – wenn sie Pfadfinder sind – am 8. Februar auch den *Boy Scout Day* feiern. Der *Father's Day* fällt auf den 3. Sonntag im Juni, der *National Grandparents Day* auf den 1. Sonntag nach *Labor Day*.

Terminlich recht unübersichtlich der Tag des Baumes: Der *Arbor Day* wird teils am 1. Sonntag nach *Labor Day* gefeiert, teils am 10. April, teils am 3. Freitag im April. In California fällt er auf dem 7. März (zusammen mit *Bird Day* und *Conservation Day)*, in Nebraska auf den 22. April. Ebenso der *Confederate Memorial Day* wird regional unterschiedlich begangen: in Florida und Georgia am 26. April, in Alabama und Mississippi am 28. April, in North Carolina und South Carolina am 10. Mai und in Kentucky und Louisiana am 3. Juni.

Während der *Army Birthday* am selben Tag wie der *Flag Day* begangen wird, nämlich am 14. Juni, läßt die Marine am 27. Oktober zum *Navy Day* die Korken knallen. Der *Battleship Day* am

15. Februar erinnert an das US-Kriegsschiff „Maine", das 1898 im Hafen von Havanna explodierte. Zivile Ursprünge dagegen hat der *Maritime Day* am 22. Mai, der der Atlantiküberquerung des Dampfschiffes „Savannah" 1819 gewidmet ist. Zum *National Aviation Day* wurde der Geburtstag von Orville Wright am 19. August (1871) bestimmt.

Um law and order geht es bundesweit am 1. Mai, dem *Loyalty Day* und *Law Day*, und am 15. Mai, dem *Police Memorial Day*. Der 4. Freitag im September wurde als *American Indian Day* eingerichtet, währenddessen der ganze Februar als *Black History Month* ausgerufen wurde. Nicht über das politische, sondern das wetterbezogene Klima weiß man am *Groundhog Day* am 2. Februar mehr in Punxsutawney, Pennsylvania – Motto: „Und täglich grüßt das Murmeltier".

Friedrich von Steuben kämpfte im amerikanischen Unabhängigkeitskrieg an der Seite George Washingtons. Dem deutschen General zu Ehren wird Jahr für Jahr ein großer Straßenumzug veranstaltet, die *German-American Steuben Parade* in New York. Sie findet stets am dritten Samstag im September auf der Fifth Avenue zwischen der 63rd und 86th Street statt. Seit 1987 jährlich am 6. Oktober begangen wird der *National German-American Day.*

Längst nicht immer mußte es zum Krieg kommen, um Landbesitz oder Unabhängigkeit zu erlangen – man denke an New York oder Louisiana. Der Vertrag über den Erwerb von Alaska zwischen den USA und Rußland vom 30. März 1867 wird im größten Bundesland als *Seward's Day* gefeiert, die Übergabe an die USA am 18. Oktober 1867 als *Alaska Day.* Auch die U.S. Virgin Islands wurden schlicht gekauft, 1917 von Dänemark – daran erinnert der 31. März als *Transfer Day.*

Und was hat es mit dem 15. April auf sich? Das ist der Stichtag für die Steuererklärung des Vorjahres. Seien Sie in den Tagen und Nächten vor diesem Termin nachsichtig mit Amerikanern – sie sind im Stress, *please do not disturb.*

Aus der Schule geplaudert

Wegen der Pisa-Studien beschäftigt man sich in Deutschland etwas intensiver mit den Schulsystemen anderer Länder, auch dem der Vereinigten Staaten. Hier für Ihr Vokabelheft einige Ergänzungen. Sie haben mit Schule zu tun – und mit Gemeinschaftssinn.

In den USA ist die Gesamtschule die Regel. Die Jahrgangsstufen 7 und 8 gehen in die *Junior High School*, die Jahrgänge 9 bis 12 in die *Senior High School*. Privatschulen erheben Schulgeld *(tuition)*, doch sind Stipendien *(scholarships)* nicht ungewöhnlich.

Die Schüler der letzten vier Jahrgänge heißen *Freshmen*, *Sophomores*, *Juniors* und *Seniors*. Klassenkameraden *(classmates)* gehören derselben Jahrgangsstufe an, müssen aber nicht notwendigerweise einen *classroom* teilen. Der Stundenplan jedes Schülers *(curriculum)* wird individuell zusammengestellt, zum Beispiel Aufsätze schreiben *(creative writing)*, Werken *(shop)* oder Sport *(physical education, p.e.)*. Für besonders Begabte und Fleissige gibt es *classes of advanced studies* (oder *A.P., advanced placement)*, die auf das College-Studium angerechnet werden können.

Schulbücher *(textbooks)* gehören ebenso zum Schulalltag wie Referate *(term papers)* und Klassenarbeiten *(exams)*, zum Beispiel *multiple choice tests* zum Ankreuzen – wie bei Günther Jauch, aber ohne Joker. Abschreiben *(cheating)* oder das Benutzen von Schummelzetteln *(cheat sheets)* sind blamabel. Stress machen die Abschlussprüfungen *(finals)*, Abwechslung bietet der Wandertag *(field trip)*.

Der Schultag beginnt morgens im *homeroom*, wo die Anwesenheit festgestellt *(roll call)* und vielerorts das gemeinsame Bekenntnis zur Fahne *(pledge of allegiance)* im Chor deklamiert wird. Wer unentschuldigt zu spät kommt oder fehlt, ist *tardy* oder *truant*. In dem Fall wird er von seinem persönlichen Vertrauenslehrer *(counselor)* zur Brust genommen.

Das Schuljahr *(academic year)* dauert gewöhnlich von September bis Juni, eingeteilt in vier Abschnitte *(terms)* mit vier Zeugnissen *(report cards)*. Wer nur Bestnoten vorweisen kann, ist *straight-A* und wird in der *honor roll* geehrt. Zensuren heißen *grades* (A bis D und F), aber *grade* bezeichnet unter anderem auch die Jahrgangsstufe. *To flunk a class* („F") bedeutet „mangelhaft" oder gar „ungenügend".

Der Schulleiter heißt nicht Director, sondern *Principal*, seine Stellvertreter sind *Vice-Principals*. Der Lehrkörper wird als *faculty* oder *staff* bezeichnet. Die Lehrer verfügen über eigene *classrooms*, zwischen denen die Schüler *(students)* entsprechend ihres individuellen Stundenplans wechseln. Ihre persönlichen Dinge deponieren sie im Schließfach *(locker)*.

Der etwas anders organisierte Elternbeirat ist die *P.T.A.*, die

Parent-Teacher Association, der hauptsächlich in Grundschulen sehr aktiv sein kann und inhaltlich mitredet. Der Elternabend ist ein *P.T.A. meeting*. Großen Einfluß hat der direkt gewählte *school board*, eine Art Schulaufsichtsrat des Distriktes. Und auch sie gibt es in den USA: die Hausmeister *(janitors)*.

Alle Schüler zusammengenommen bilden den *student body*, der die Schülermitverantwortung *(student government)* wählt. Der SMV-Sprecher ist der *Student Body President*, er wird unterstützt durch einen *Vice-President*, *Secretary*, *Treasurer* und einen *Board of Directors*. Ihre Aktivitäten können breit gefächert sein, von *Pride* (Sauberkeit, Aufräumen) über *Traffic Safety* bis zum *Interschool Council*, der Aktivitäten mit anderen Schulen koordiniert. Ganz in der demokratischen Tradition Amerikas kümmert sich ein *Election Committee* um die Vorbereitung der nächsten SMV-Wahl. Versammlungen und Wahlen werden streng nach „Robert's Rules of Order" durchgeführt, dem (vorbildlichen) Regelwerk für den Ablauf fairer Versammlungen und Abstimmungen. Wird zum Beispiel ein Antrag gestellt, muss er von mindestens einem anderen unterstützt werden *(to second the motion)*.

Viel Energie wird darauf verwendet, Geld für die SMV-Kasse aufzutreiben, etwa durch *fund raising projects*. Das kann durch Sammeln von Altpapier *(paper drives)* geschehen oder durch Autowaschen *(car washs)*. Hierfür wird durch *rallies* die Werbetrommel gerührt: Freiwillige vor! *(any volunteers?)*. Zahllos auch die Arbeitsgemeinschaften *(clubs)*, die Schulstoff mit Spaß vertiefen oder themenbezogene Freizeitaktivitäten organisieren *(extracurricular activities)*.

Besonderer Wertschätzung erfreut sich fast überall der Schulsport. Mögen Leichtathletik *(track and field)* und Schwimmen ihre Fans haben, so steht doch der Mannschaftssport im Mittelpunkt des Interesses. Die Turnhalle *(gym)* ist demzufolge nicht nur während des Unterrichts belegt, sondern auch Austragungsort von gut besuchten abendlichen Basketballturnieren – und Parties *(sock hops*, auf Socken wegen des Parketts).

Der Freitagabend gehört dem Football, wenn die eigene Mannschaft gegen ein Team einer anderen Schule antritt. Das Spiel zu Thanksgiving zieht besonders viele Zuschauer an *(Turkey Day Game)*. Aus den Besten aller Jahrgangsstufen setzt sich das *varsity team* zusammen. Die Einheizer des Publikums sind die lautstarken *yell leaders* (Schüler) und *song leaders* (Schülerinnen), während die definitiv weiblichen *cheer leaders* für ein tänzerisch-akrobatisches Rahmenprogramm sorgen. Wer sich an den rituellen Schlachtrufen beteiligen will, setzt sich in die *rooting section*. Nicht fehlen dürfen in der Pause die uniformierte Marschkapelle *(marching band)* der gastgebenden Schule, eventuell Fahnenträger *(color guard)* und dekorierte Wagen *(floats)*.

Einer der Höhepunkte des Schuljahres im Herbst ist die *Homecoming Week*, in der zahlreiche Veranstaltungen stattfinden. Besonders Sportwettkämpfe und ein Ball, für den unter den Schülerinnen eine *Homecoming Queen* gewählt wird, erfreuen sich dann traditioneller Beliebtheit.

Am Ende der Senior High School steht die *graduation*, die im Talar zu den Klängen von „Pomp and Circumstance" von Edward Elgar (in Deutschland bekannt durch die „Last Night of the Proms") gefeiert wird. Dann erscheint das *year book* mit Schnappschüssen des vergangenen Jahres und Fotos aller Schüler. Auf der Bühne der Aula *(auditorium)* aufgeführt wird ein *senior play*, und zum *senior ball* mit Gesellschaftstanz *(ballroom dancing)* werfen sich die Schulabgänger *(graduates)* in Smokings *(tuxedos)* und Ballkleider *(gowns)*. Wer will, erwirbt einen protzigen *class ring* mit dem Wappen der Schule und Hinweis auf den Abgangsjahrgang. Und plötzlich gehört man zu den *alumni* (Ehemalige). *Times flies* (die Zeit vergeht wie im Fluge).

Geeks & Greeks

Schon immer lieh die akademische Welt Wörter an die Allgemeinsprache aus. So versteht jeder Amerikaner unter *101* („one-oh-one") eine kinderleichte Aufgabe. An amerikanischen Hochschulen erhalten Grundkurse aller Art diese Nummer. Salopp heißen sie auch *Mickey Mouse* oder *Basket Weaving.*

Wird jemand in Amerika als *Ivy League* bezeichnet, so ist er (männlicher) Absolvent einer der Edelhochschulen (Cornell, Harvard, Yale, Princeton, Columbia, Brown, Colgate, Darmouth und U of P = University of Pennsylvania). Die Hochschule von Princeton ist auch als *Old Nassau* bekannt, Yale als *Old Eli.* Im übertragenen Sinne bedeutet das Attribut *Ivy League*, dass jemand zu einer intellektuellen und/oder wirtschaftlichen Elite gehört. Die angeblich besten Akademikerinnen kommen von einer der *Seven Sisters*: Barnard (mit Columbia assoziiert), Bryn Mawr, Mount Holyoke, Radcliffe (mit Harvard assoziiert), Smith, Vassar und Wellesley.

Die meisten Hochschulen allerdings sind natürlich *co-ed*, also gemischt. Als chauvinistisch muss die Behauptung gelten, Studentinnen dort seien eigentlich nur interessiert an einem bestimmten Abschluss: „M.R.S." (Mrs.).

Organisiert haben sich viele Studenten in Verbindungen – die Herren der Schöpfung in *Fraternities*, auch kurz *frats* genannt, die Damen in *Sororities.* Da es mehr Interessenten als Mitgliedsplätze gibt, gelten die ersten Tage des Semesters als *Rush Week* – dann finden die hektischen Neuaufnahmeverfahren statt. Die Namen der Verbindungen bestehen meist aus griechischen Buchstaben, zum Beispiel *Sigma Chi*, weshalb man diese Organisationen *The Greeks* nennt. Die spöttische Übersetzung von *Sigma Alpha*

Epsilon (SAE) trifft wohl den Kern aller Verbindungen: Sleep And Eat. George W. Bush zum Beispiel gehörte Delta Kappa Epsilon an und wurde als ihr Chef zum *BMOC, big man on campus.*

Wer ein Vereinsmuffel ist, logiert im *dormitory*, kurz: *dorm*, einem Studentenwohnheim. Wenn es sich dort oder in einem Apartment um eine Wohngemeinschaft handelt, leben *roommates* zusammen. *Living together* hingegen bezeichnet „eine Beziehung haben".

Greek Row ist auf jedem Campus die Straße mit den Häusern der Studentenverbindungen. Erkennungszeichen der *Fraternities* sind zentnerschwere Fingerringe, die auch *alumni*, also ehemalige Absolventen der Hochschule, noch gern tragen.

Beliebt sind sogenannte *party schools*, also Universitäten mit notorischem „Sozialleben". Da mag es dann so hoch hergehen wie im Film „Animal House" mit John Belushi. In dem Zusammenhang: Das „Stiefeltrinken" hat sein US-Gegenstück in einem als *quarters* bezeichneten Biervernichtungsritual. *Kegger* ist jede Party mit Fassbier.

Finanzierbar ist der Spaß meist nur mit einem *scholarship*, einem Stipendium, am besten *full ride*, also alle Kosten deckend. Das erhalten manchmal *jocks*, Spitzensportler *(athletes)*, die dem allgemeinen Vorurteil zufolge selten *geeks* sind, also Einser-Studenten. Der oder die Jahrgangsbeste wird *valedictorian* genannt und darf die Abgangsrede halten. Jemand mit Hochschulabschluss ist ein *Joe College* oder *Joe Yale*, ein Studienabbrecher hingegen ein *drop-out* oder *Joe Zilch.*

Der gängige erste Abschluss ist ein *Bachelor* – etwa ein B.A., Bachelor of Arts, oder B.S., Bachelor of Science. Wer dann weiterstudiert, um etwa die Master-Prüfung zu machen, wird zum *Post Graduate*. Manche werden sogar Präsident. Ein *rookie* ist ein untrainierter Neuling.

Bleibt noch zu klären, was ein Snob ist. Antwort: Im Mittelalter kennzeichneten die Universitäten Cambridge und Oxford angeblich die Namen von Studenten nichtadeliger Herkunft mit dem Vermerkt „sine nobilitate" (kein Edelmann), abgekürzt „s.nob". Daher Name für Menschen bürgerlicher Herkunft, die mit den Söhnen des Adels dadurch konkurrierten, indem sie sie an „Vornehmheit" übertrafen.

Welcome in Schilda-Town

New York gilt wieder als sichere Stadt, nicht zuletzt dank Bürgermeister Michael Bloomberg. Er habe die Metropole „gründlich singapurisiert", kommentierte kürzlich die Süddeutsche Zeitung. Zu den schwereren Verkehrsvergehen gehört jetzt das Fahrradfahren auf dem Bürgersteig – im Gegensatz zum Autofahren auf dem Bürgersteig, das lediglich mit einem Bußgeld geahndet wird. Ähnliche Regelungen gelten auch in Los Angeles.

Wenn Sie sich an folgende örtliche Regeln halten, die allerdings meist schon etwas älteren Datums sind, muss Ihr nächster USA-Besuch ein Erfolg werden. Fahren Sie in Decatur, Illinois nur Autos, die ein Steuerrad haben. Tennessee hat festgelegt, dass man wach sein muss, wenn man fährt, und in New York dürfen schon lange keine Blinden hinters Steuer.

Rückwärts Autofahren ist in Glendale, Arizona nicht erlaubt, rückwärts Fahrradfahren nicht in Forgan, Oklahoma. Wenn Sie durch Emporia, Kansas kommen, muss einer der Autoinsassen aussteigen, vor dem Wagen hergehen und die Einwohner vor dem Gefährt warnen.

200 Dollar Strafe kostet es in Washington, wenn das Auto keinen Aschenbecher hat. Und wer hätte das gedacht: Im libera-

len California dürfen Frauen nicht im Bademantel Auto fahren. In Memphis, Tennessee ist es Frauen nur erlaubt, Auto zu fahren, wenn ein Mann mit einer roten Fahne vorwegläuft.

Sich in einem Auto umzuziehen, ist verboten in Evanston, Illinois – es sei denn, es brennt. Kentucky schreibt vor, dass man in Badekleidung nur unter Polizeischutz auf die Straße darf. In Rochester, Michigan dürfen die Gesetzeshüter Badekleidung überprüfen, in Cleveland, Ohio darf man nicht in Badekleidung heiraten.

Vorsicht Shopper: In Joliet, Illinois können Frauen eingesperrt werden, die in einem Geschäft mehr als sechs Kleider anprobieren. Frauen, die sich in Owensboro, Kentucky einen neuen Hut kaufen, müssen vorher ihrem Mann Gelegenheit geben, ihn auszuprobieren.

Obacht auch in Hotels: In Phoenix, Arizona ist das Tragen von Sporen in Hotels verboten, in California das Schälen von Apfelsinen. In Coral Gables, Florida ist es verboten, nachts zu schnarchen. Während Kentucky verlangt, dass man mindestens einmal im Jahr ein Bad nimmt, limitiert Boston die Zahl der Bäder auf höchstens eines pro Woche – und auch dann nur mit ärztlichem Rezept. In der Badewanne zu singen, ist in Pennsylvania verboten.

Auch Köche werden hart herangenommen: In Massachusetts dürfen keine Tomaten für Muschelsuppe

verwendet werden. In Connecticut dürfen Gewürzgurken nicht matschen, wenn man sie aus einer Höhe von zwölf Inches fallen lässt. Wenn Sie unbedingt in dem Regal eines Bäckers übernachten wollen, tun Sie es nicht in Massachusetts – dort ist es streng verboten. Alabama hingegen hat etwas dagegen, wenn Sie die Nacht in einem Frisörgeschäft verbringen.

Sich an öffentliche Gebäude zu lehnen, ist in Clinton County, Ohio nicht erlaubt, an einem Maskenball in Dothan, Alabama teilzunehmen lediglich, wenn er vom Bürgermeister ausdrücklich gestattet wurde.

In Bellingham, Washington dürfen Frauen höchstens drei Schritte rückwärts tanzen, in Devon, Connecticut darf man nach Sonnenuntergang nicht rückwärts gehen. In Connecticut dürfen Frauen nach 22 Uhr nicht in Orchestern spielen, und in Vermont sind verheiratete Frauen sonntags nur dann legal auf der Straße, wenn der Mann ihr auf zwanzig Schritt folgt und eine Muskete trägt.

Sollten Sie in Virginia auf jemanden schießen und ihn verwunden, so kommen Sie mit einer Anklage wegen vorsätzlicher Körperverletzung davon, schießen Sie jedoch daneben, heißt es „versuchter Mord". In Natoma, Kansas dürfen Sie nicht Messerwerfen üben mit einem Partner, der gestreifte Kleidung trägt. Die Bürger Iowas diskutieren bei Redaktionsschluss, ob auch Blinde in der Öffentlichkeit Schusswaffen tragen dürfen oder nicht.

Die Genehmigung, in der Öffentlichkeit Cowboystiefel zu tragen, erhalten Sie in Blythe, California nur, wenn Sie mindestens zwei Kühe besitzen. Andererseits ist das Tragen von Schlipsen auf South Padre Island, Texas illegal. Wer mit Binder erwischt wird, erhält von der Polizei eine Verwarnung – und ein kostenloses T-Shirt. Wiederholungstäter müssen eine Strafe „im Wert einer Seidenkrawatte" zahlen.

Sie denken, Singapur sei strikt? In Cleveland verstößt es schon seit langem gegen das Gesetz, Kaugummi auf die Straße zu spucken.

Gestatten, Knigge

Zu den netten Klischees gehört es, dass sich alle Österreicher mit „Herr Professor" anreden und alle Amerikaner mit dem Vornamen. Es ist ja was daran – doch zu glauben, Amerikaner seien Titelmuffel, wäre dann doch ein fataler Irrtum. Respektbezeugungen und Höflichkeitsformeln sind auch in den USA angesagt. Probieren Sie es mal bei der nächsten Einreise, wenn Sie von Immigration und Zoll befragt werden: „How long will you stay?" – „Three weeks, Sir." – „Holidays?" – „Yes, Sir." – „Do you bring in any plants?" – „Oh no, Sir." Wenn Ihnen dann das „Sir" oder „Ma'am" auch noch liebenswürdig über die Lippen kommt, wird ein Uniformierter verwundert denken: „Was für ein wohlerzogener Ausländer!" Und sein „Have a nice stay in America!" wird noch freundlicher sein. Ihre Antwort? „Thank you, Sir." Natürlich.

Ma'am/Sir ist sozusagen die Mindesthöflichkeitsstufe in den USA. Aber übertreiben Sie es nicht – Taxifahrer, Gepäckträger, Portiers oder Personal im Supermarkt mit *Sir* oder *Ma'am* anzureden, wäre sans goût. Man muss ein Gespür für Hierarchien und das Verhältnis Anbieter-Kunde haben. Anders bei Staatsdienern, besonders wenn sie Uniform tragen. Ein Polizist oder Angehöriger der Highway Patrol ist ein *Officer* und als solcher anzureden. Aber nicht so: „I'm not as think as you drunk I am, occifer."

Der Ordnungshüter kann auch ein *Sheriff* sein. Dann allerdings ist nur diese Anrede angebracht, denn er wird gewählt, ist kein Beamter. *Ranger* in Nationalparks hingegen entstammen einer besonderen Spezies netter Menschen und sind meist mit der Anrede „Frank" oder „Bill" perfectly happy – solange Sie keine Blumen gepflückt haben.

Sprechen Sie eine Gruppe von Menschen an, sagen Sie „ladies and gentlemen" – ohne „dear" davor. Zwar unterstellt man, dass jede Frau eine *lady* ist, so angesprochen wird sie jedoch nicht. Korrekt ist *madam* (oder *ma'am)*, aber dann ohne Namenszusatz. Klingt etwas bieder, ist aber übrigens auch die korrekte Anrede für die Queen.

Der Maitre in einem überteuerten Spesenrestaurant wird *Madame* näseln (französisch, mit der Betonung auf der zweiten Silbe), das steht in etwa für „gnädige Frau" und gilt als Krönung bezahlter Höflichkeit. In anderem Zusammenhang bedeutet das Wort „Puffmutter".

Auf *Mr./Mrs.* muss immer ein Name oder Titel folgen, zum Beispiel Mr. President oder Mrs. Chairman beziehungsweise Chairperson, nicht jedoch doppelt. Mr. President Bush wäre falsch. Und zu fragen „Where is the toilet, Mister?", würde als quadrierte Provokation empfunden (üblich ist „Where is the men's room, Sir?").

Kombiniert mit dem Nachnamen sagt man zum Beispiel *Mrs. Miller*, das weiß jeder. Doch bei konservativen Amerikanern immer noch beliebt ist auch die Kombination von Mrs. mit dem ganzen Namen des Ehemannes, beispielsweise *Mrs. George W. Miller* (also inklusive seines *middle initials*, der Abkürzung seines zweiten Vornamens). Vorgestellt wird das Paar in gesellschaftlichem Rahmen als *Mr. and Mrs. George W. Miller.* Verfügt er über einen akademischen Grad, versteigt man sich zu *Dr. George W. Miller and Mrs. George W. Miller.* Und das betrifft nur traditionelle Lebenspartnerschaften. Ahnen Sie die Verwicklungen, wenn „sie" ein Professor ist und „er" nicht? Auf dem Campingplatz heißen dieselben Leute George und Peggy.

Praktisch ist, dass in den USA die Berufsbezeichnung oft die korrekte anonyme Anrede ist, zum Beispiel driver, guide oder waiter – etwa „Waiter, can you please..." Das „Fräulein" oder der „Herr Ober" in der amerikanischen Gaststätte ebenso wie die Cabin Crew in Business und First Class von US-Fluggesellschaften werden wahrscheinlich sagen: „Hi, I am Judy/Bob and I will look after you this flight". Wenn Sie sich jetzt feierlich vom Platz erheben, die Jacke zuknöpfen, die Hand ausstrecken und antworten „And I am Dr. Hans-Holger Riesenhuber and this is my wife", würde das Verwirrung stiften. Vielmehr antworten Sie beiläufig: „Oh, hi Judy/ Bob, how are you today?" Die Antwort wird sein „just fine", und damit hat es sich, gefolgt von endloser Besorgnis, dass Sie sich *enjoyen*: „Did you enjoy your meal?" – „Yes, thank you, it was great. Where is the men's room, please?" – „Back there, Sir, enjoy!"

Noch etwas: Stellt sich jemand als Elizabeth oder Michael vor, machen Sie daraus nicht Liz oder Mike. Wenn Sie am Flughafen „den Vorgesetzten" sprechen wollen, fragen Sie nach dem *Supervisor*, während des Fluges nach dem *Purser* und im Hotel nach dem *Duty Manager*.

Ein *minister* ist ein Geistlicher, der Politiker im Kabinettsrang hingegen ein *Secretary*. Den Geistlichen redet man aber nicht mit „Minister" (Betonung auf der ersten Silbe) an, sondern mit „Reverend". Das hat nichts mit „Referent" zu tun und ist eigentlich auch kein Titel, sondern falsches Englisch, hat sich aber durchgesetzt. Richtig muss es zum Beispiel „The (Right) Reverend William G. Smith" heißen und bedeutet so viel wie „Hochwürden". Vorsicht bei Alpha-Tieren. Sollte Ihnen der Hausherr des White House das Du anbieten, gibt es nur eine einzige stilvolle Reaktion: „Thank you, Barack, that is very kind of you, Mr. President."

Äußerste Respektsbezeichnung ist auch in sogenannter statusgeprägter Umgebung erforderlich, etwa bei Gerichtsverhandlungen und auf Symposien. Da wimmelt es von „Honorables", „Highly Learned Sirs" und dergleichen. Hier wäre ein *one-size-fits-all* „g'schamster Diener, Herr Magister" very unsophisticated.

Schönes Wochenende

Wer jemals in Amerika im Hotel übernachtete, in einem Supermarkt einkaufen war oder getankt hat, wird diese Abschiedsformel kennen: „Now you have a nice day now." Dem ist man so unentrinnbar ausgesetzt wie in Deutschland ab donnerstags dem „Schönes Wochenende" und rund um die Uhr „Mahlzeit".

Dieses Sprachritual ist – im Gegensatz zu „tschüß" oder „bye" – nur komplett, wenn dem Wunsch eine Erwiderung erfolgt. Auf „Mahlzeit" passt zwingend ebenfalls ein „Mahlzeit", auf „schönes Wochenende" ein „danke, gleichfalls". Das wäre im Englischen „thank you, same to you", worauf als Abschluss vom Gegenüber ein bekräftigendes „m-hm" geschnurrt wird.

Eine gebräuchliche Alternative zu „have a nice day" ist „take care". Hier passt „same to you" nicht so toll, man greift am besten auf das mit großem Enthusiasmus genäselte"m-mh" zurück, wahlweise „a-ha". Gilt der Abschiedswunsch jemandem, den man kennt, reicht „have a nice day" allerdings keinesfalls aus. In diesem Fall steigern Sie es zu „have a great day" oder „have a great weekend", zumindest aber zu „have a good time" oder „enjoy yourself". Ein auf jedem Buchstaben doppelt betontes, halb geraunendes und angedeutet-augenzwinkerndes „have

fun!" hingegen könnte anspornend wirken und den Anflug des Anrüchigen tragen.

Das alles passt allerdings weniger, wenn Sie wissen, dass Ihr Gegenüber auf eine Beerdigung geht. Hier kommt das praktische „God bless you" zu Hilfe, die amerikanische Allzweckwunschwaffe. Sie entspricht – meist verkürzt zu „bless you" – im Übrigen der Floskel „Gesundheit", wenn jemand geniest hat. Jegliche Reaktion auf Niesen kann allerdings politisch unkorrekt sein, deshalb ist im Zweifel verbale Zurückhaltung angeraten.

Einen kleinen Lacher ernten Sie vermutlich, wenn Sie jemandem, der ins Wochenende oder in den Urlaub fährt, ein fröhliches „hang loose" wünschen und dabei die rechte Faust, bei der Daumen und kleiner Finger ausgestreckt sind, in der Luft schütteln. Dieser auch „Shaka" genannte Gruß ist unter Surfern gebräuchlich.

Wenn der zu Verabschiedende ganz bestimmten Tätigkeiten nachgeht, können Sie mit gezielten Redewendungen punkten. Einem Sportfischer wünschen Sie nicht „Petri Heil" (das geht als Deutscher schon mal gar nicht), sondern „Good fishing!", „Make a good catch!" oder „Tight lines!" Auch ein markiges „Waidmannsheil" für einen Jäger sollten Sie in Amerika unbedingt vermeiden. „Good hunting!" oder „Happy hunting!" wären angebracht.

Bei Sportwettbewerben liegen Sie mit „Good sports!" richtig, wenn Mannschaften um den Sieg kämpfen. Bei Einzeldisziplinen können Sie den Athleten mit „Go for it!" anfeuern, was etwa „Viel Erfolg!" entspricht.

In Situationen mit schicksalhaft ungewissem Ausgang – etwa im Casino – wünscht man gern „viel Glück" oder „toi toi toi". Das wäre in Amerika „bonne chance". Wenn man jemandem den Daumen drücken will, versichert man ihm „I keep my fingers crossed". „Best of luck", „all the best" oder „good luck" hingegen klingen eher lahm und werden oft sarkastisch gebraucht: „Mal sehen, ob ich noch Karten fürs Endspiel bekomme." – „Good luck!"

Verreist jemand, gibt man ihm ein „Gute Reise" oder „Gute Fahrt" mit auf den Weg. In Amerika wäre das „Happy journey", „Many happy returns" oder insbesondere bei einer Reise per Schiff „Bon voyage". Für einen Flugpassagier passt auch „Happy landings". Wenn Sie „fare thee well" sagen, bekommen Sie den Pulitzerpreis.

Zu Irritationen könnte das jugendliche „Drive fast! Take chances!" führen, obwohl es in der guten Tradition steht, Glück indirekt zu wünschen. Das insbesondere unter Theaterleuten übliche „Hals- und Beinbruch!" findet sich in Amerika als „Break a leg!" wieder und in Großbritannien als „Fall down backwards!" oder „Here's mud in your eyes!" (was aber auch „Prost!" heißt). Der Schauspielergruß in Australien heißt übrigens „Chookas!" („chicken"), der von Opernsängern „toi toi toi" und von Tänzern „Merde!".

Ist jemand krank, wünschen Sie ihm wie in Deutschland unzweideutig „Gute Besserung" – „Get well (soon)". In Fällen von Niedergeschlagenheit ist ein ermunterndes „Cheer up!" nicht verkehrt.

Bei einem Essen im Restaurant (nicht bei Fast Food) gehört es immer noch zum guten Stil, „guten Appetit" zu wünschen. Das heißt in Amerika aber mitnichten „good apetite", sondern „bon appétit". Immer populärer wird allerdings „enjoy" oder „enjoy your meal".

Wenn Sie jetzt schlafen gehen, wünsche ich Ihnen „good night, sleep tight" und „sweet dreams". Und für alles andere: Aloha!

Drum herum geredet

Understatement gehört zu den Eigenschaften, die man gern den Briten zuschreibt, doch auch Amerikanern ist sie nicht fremd. Auf den ersten Blick geradezu niedlich mutet ein Schild am Smyrna Beach in Florida an: „Dangerous marine life has been spotted in this area." Gemeint sind Haie.

Schwulst regiert überall. Die Minibar beziehungsweise kostenpflichtige Selbstbedienungstheke wird als *honor bar* oder *refreshment center* deklariert, und was früher als *fire extinguisher* bekannt war, wird in der modernen Worthülse *smoke eliminator* versteckt. Hinweis des Hotel Ritz Carlton New Orleans: „In our continous effort to provide a safe and comfortable experience for our guests, the Loss Prevention team will be conducting two fire drills." Loss Prevention? Ist das so etwas wie Kollateralschadenverhinderer?

Der Hang zu gespreizten Redewendungen war früher Kennzeichen von Bostons besseren Kreisen, heutzutage versucht sich jedermann mit aufgeblasenen Redewendungen. Verspätungen passieren nicht „because of the weather", sondern „on account of the weather conditions". Und von tiefer Sinnhaftigkeit sind knappe Airport-Announcements wie „All planes have been delayed three days, thank you for your cooperation."

Was gesagt wird, ist das eine, was gemeint ist, oft etwas anderes. Wird Ihnen beschieden „please don't hesitate to ask", so können Sie gewiss sein, dass niemand zwischen Hudson und Golden Gate die Antwort weiß. „We welcome your comment" – das Schild des Franchisegebers ist dem Personal des Restaurants herzlich wurscht. Das freundliche „let's get together sometime" bedeutet eher „auf Nimmerwiedersehen!" Aber klingt doch nett, oder?

Ein New Yorker, der nicht pausenlos redet, so sagt man, sei tot. Aber es gibt Amerikaner, die zuhören. Das signalisiert man im mittleren Westen mit *„yup"*. Auf Neuhochamerikanisch heißt es allerdings „I honour that". Das schlichte „danke" ufert zum „thank you for sharing" aus.

Andererseits macht die Unverbindlichkeit das Leben manchmal leichter. Während es in deutschem Befehlston heißt, mach-es-gefälligst-so-und-so, ist in Amerika eine Frage wie „are you okay with that?" nicht unüblich. Ob Sie mit der Anordnung wirklich leben können, ist eine andere Sache. Und „why don't you park your car over there?" sollten Sie nicht als Aufforderung, Gegenargumente aufzuzählen, auffassen, sondern als Anordnung.

Angefangen hat das alles vielleicht mit dem Diplomatenjargon, Motto „Think twice before saying nothing!" Ein Gespräch, das mit „full and frank" beschrieben wird, war ein handfester Krach mit „matters of mutual interest", nämlich Streitthemen. „To express one's concern" bedeutet „stinksauer sein" und die wörtliche Übersetzung von „it is a well-known fact" ist „wir haben gerade beschlossen". „Yes" heißt „perhaps", „perhaps" heißt „no".

Auch das sollte man wissen: „With the full co-operation of our allies" geht eher in Richtung „das machen wir im Alleingang" und „a difficult situation" ist die Umschreibung für „unsere Botschaft wurde gerade in die Luft gesprengt".

Wenn Sie jetzt noch berücksichtigen, dass „partly cloudy" im nebeligen Seattle „partly sunny" bedeutet, kommen Sie gut zurecht.

Von Bookkeepern und Soupspoons

„Spanisch spreche ich mit Gott, Italienisch mit Frauen, Französisch mit Männern und Deutsch mit meinem Pferd", soll Karl V. einmal gesagt haben. Wäre der Monarch in die Verlegenheit gekommen, unverbindlich plaudern zu müssen, hätte er zweifellos Englisch parliert. Der Smalltalk ist im Angelsächsischen eine hohe Kunst, und wer sie nicht beherrscht – nunja, der gilt als Stallbursche, *so to speak.*

Unverfänglich muss das Thema sein, um das ein guter Smalltalk kreist. Heutzutage gar nicht so einfach. Religion und Politik waren immer ungeeignet und werden es immer mehr. Reden wir über Sport, sind wir gleich beim Doping, sprechen wir über den Klassiker, das Wetter, kommt früher oder später das Klima ins Spiel. Nein, Kontroversen muss Smalltalk vermeiden. Als Ausweichthema biete ich Ihnen etwas Naheliegendes an: die englische Sprache. *Nobody is perfect,* schon gar kein Ausländer, und so bedarf es keines Klimmzuges, um auf dieses Thema zu kommen. Wichtig dabei: Smalltalk und Understatement sind Geschwister.

Smalltalk kommt elegant des Weges und knüpft gern an Vorheriges an. Vielleicht an den Wetterbericht, der in den USA unvermeidlich den schönen Begriff *precipitation* enthält, was so viel wie Niederschlag bedeutet. „A difficult word for a German", könnten Sie seufzen, und gleich den ersten Understatement-Punkt verbuchen. Dann irgendwann, beiläufig: „By the way, do you happen to know the longest English word without the vowels, a, e, i, o or u?" Das müsse man nicht wissen, beteuern Sie, aber Sie seien kürzlich darüber gestolpert – „interesting, insn't it?" Das längste englische Wort ohne Vokale ist „rhythms". Und da wir gerade davon sprechen, welches urenglische Wort hat fünf Vokale hintereinander? „Queueing".

Ihren Ruf als etwas schrägen Sprachwissenschaftler festigen Sie mit der Antwort auf die Frage, welches englische Wort nur Buchstaben in alphabetischer Reihenfolge enthält. Egal, was vorgeschlagen wird, Sie können verschmitzt mit „almost" antworten. Und „almost" ist die richtige Antwort. Die zwei längsten Wörter mit nur ein und demselben Vokal sind übrigens „defenselessness" und „respectlessness", und „bookkeeper" ist das einzige Wort das drei Doppelbuchstaben hintereinander aufweist.

Damit sollten Sie es bewenden lassen, sonst wird aus dem Smalltalk ein Vortrag, und Sie müssen mit einem Pferd weiterreden. Wahrscheinlich ist aber, dass Sie mit diesem Thema weitere Gäste kennenlernen. Bei nächster Gelegenheit wird Sie Ihr Gesprächspartner einem anderen vorstellen mit einer Bemerkung wie etwa „hey, you must meet this German guy/gal, he's/she's funny and knows about English more than you and I". Das bestreiten Sie natürlich heftig (Understatement!), um nach etwas Drängen eine weitere Kostprobe zum Besten zu geben, *twist my arm*, wenn's denn sein muss: Welches englische Wort beginnt und endet mit den Buchstaben u, n, d? Wenn man es nicht weiß, kommt man nicht leicht darauf: „underground". Ein anderes Wort wäre „underfund", aber das klingt schon etwas nach Scrabbeln. Nachsetzen können Sie bei Interesse mit der Frage, welches die einzigen Wörter mit sechs Buchstaben sind, die mit einem Vokal beginnen und enden und keine weiteren Vokale beinhalten. Antwort: „asthma" und „isthmi".

Nur für Experten die Frage, welches das längste Wort sei, das nur aus Buchstaben der zweiten Hälfte des Alphabets bestehe. Oder das längste Wort, das auf der Tastatur mit den Fingern nur der linken Hand geschrieben werden könne. „Soupspoons" das eine, „stewardesses" das andere.

Und kurios, dass „one thousand" den Buchstaben „a" enthält, aber alle englischen Zahlenwörter von „one" bis „nine hundred ninety-nine" nicht. Oder dass „forty" das einzige Zahlenwort ist, dessen Buchstaben in alphabetischer Reihenfolge stehen. Oder dass „one" das einzige Zahlenwort ist, dessen Buchstaben in umgekehrter alphabetischer Reihenfolge verwendet werden.

Es kann natürlich auch sein, dass Ihrem Gesprächspartner schon bei der ersten Frage ein breites *bo-ring* übers Gesicht geschrieben steht. In diesem Fall erkundigen Sie sich bei ihm, *never mind*, wann die „Simpsons"-Fortsetzung ins Kino kommt, und Sie haben die Kurve gekratzt.

Mit Lust ins Fettnäpfchen

Was die Abwrackprämie in Deutschland wirklich bewirkt hat, weiss man nicht so genau, aber wegen ihres vermeintlichen Erfolgs fand sie auch Nachahmung jenseits des Atlantiks. Mit der Aufforderung „cash for clunkers" sollten die US-Bürger ermuntert werden, neue Autos als Ersatz für alte Wagen zu kaufen. Diesen Slogan spontan mit „Bargeld für Klunker" zu übersetzen, liegt nahe (man erinnert sich an „Gold gab ich für Eisen"), wäre aber durchaus falsch. Ein „clunker", auch „edgy car" genannt, ist eine „Klapperkiste". So schnell kann man vorbeidenken.

Wenn ein Amerikaner von seinem *pink slip* berichtet, sollte man sich nicht auf erotische Details einstellen, denn der vermeintlich rosa Schlüpfer ist in Wirklichkeit ein Kündigungsschreiben, das zumindest früher typischerweise in einem rosafarbenem Briefumschlag steckte. Wir kennen ja den blauen Brief, was ein *warning letter* wäre. Ein *blue letter* hingegen ist ein Beschwerdebrief. Und eine *pink slip party* ist keine Feier in Dämmerlicht und Dessous, sondern eine legere Kontaktbörse, wo sich Arbeitslose mit Personalvermittlern treffen.

Etwas verblüfft war Genosse Frank-Walter Steinmeier, dereinst deutscher Außenminister, als er während eines Amerika-Besuches zu einem Baseball-Spiel eingeladen wurde. Im Fenway Park Stadion in Boston durfte er den *opening pitch* werfen und fragte sich, ob das eine Anspielung sein sollte: Gastgebende Mannschaft waren die Red Sox. Als „Rote Socke" ist der solide SPD-Politiker hierzulande allerdings nicht verschrien.

Nicht sehr diskret *(discreet)* war vor Jahren der andere der beiden „Stones", Bundesfinanzminister Peer Steinbrück. Seinen Ouagadougou-Vergleich improvisierte er wohl im Alleingang *(discrete)*, was zu einem diplomatischen *disaster* geriet (deutsch: Desaster).

So Dahergesagtes, Mündliches kann es eben in sich haben. Das weiß man spätestens, seit sich Bill Clinton und Monica Lewinsky trafen, im Oval Office gab es *oral sex*. Mit *verbal sex* hingegen, auch *dirty talk* genannt, behalfen beide sich am Telefon. Der Skandal ging, in Anlehnung an *Watergate*, als *Zippergate* in die Annalen ein. Kurzfristig war das gut für die *morale* von Präsident und Praktikantin, die Stimmung nämlich, die geistig-seelische Verfassung oder den Kampfgeist. Im Sinne der *moral*, des sittlichen Empfindens, war es nicht.

Ähnlich vertrackt ist es auch mit der blanken Haut. Nackig darf man sich in Amerika nur an wenigen Stellen bewegen. Dort ist man aber mitnichten *naked*, sondern bitteschön *nude*. FKK-Gelände heißen *social nudity places* oder politisch noch korrekter *clothing optional*, keinesfalls aber BAB, *bare ass beaches*. Verzicht auf Kleidung kann Abkühlung verschaffen, was man sich auch von einem elektrischen Gerät erhofft. Das heißt „fan", nicht „ventilator", denn der ist ein Gebläse oder eine Lüftung.

Das Wort *lust* sollten Sie nur verwenden, wenn Sie wirklich von sexueller Begierde sprechen wollen, Ausnahme: *wanderlust*. Die unschuldige Frage „do you have lust to meet me tonight?"

käme in den meisten Fällen nicht so gut an. Und *fantasies* betreffen eher schlüpfrige Tagträume als die allgemeine Vorstellungskraft. Wer kreativ ist, greift vielmehr auf seine *imagination* zurück oder eine Nummer größer auf seine *dreams* (Visionen).

Sollten Sie mal einen Schwächeanfall erleiden, kennzeichnet „to pass out" die Situation. „To pass away" hingegen wäre der Exitus. Diese Umschreibung ist in Amerika die einzig zulässige Formel, um über den Tod zu sprechen – sagen Sie bloß nie geradeheraus „your mother died last year, didn't she".

In solche Fettnäpfchen zu treten, ist „not very civilized" und verrät Amerikanern viel über Ihre *culture*, was in diesem Zusammenhang auf Deutsch Erziehung oder Zivilisation hieße. *Civilisation* hingegen bezeichnet meist eher das, was wir unter Kultur verstehen. Kultur im Sinne der schönen Künste wären die *fine arts*.

Wenn Sie sich für etwas revanchieren wollen, sagen Sie nicht „I take revenge" (das heißt „ich räche mich"), sondern „I return the favor". Wollen Sie jemanden in ein vornehmes Restaurant ausführen, kündigen Sie das nicht als eine Einladung in ein „noble restaurant" an (es sei denn, der Wirt ist ein Adeliger), sondern nennen Sie es „fancy dining". Hat es Ihnen geschmeckt, nennen Sie das Mahl nicht „delicate" (heikel), sondern „delicious". Sollten Sie allerdings etwas reklamieren wollen, vermeiden Sie das Verb „to reclaim", denn das hieße, Sie forderten Ihr ganzes Geld zurück. Dabei wollten Sie doch nur „to complain about something".

Das war hoffentlich kurz und prägnant. Aber bestimmt nicht „short and pregnant" (kurz und schwanger).

Seien Sie kein Silvio

Den Führer der Demokraten im US-Senat, Harry Reid, hätte es fast seine politische Karriere gekostet, weil bekannt wurde, dass einmal beiläufig das N-Wort über seine Lippen kam. Im Wahlkampf hatte er Barack Obama arglos und nebenbei als *light-skinned* und ohne *Negro dialect* bezeichnet. Italiens langjähriger Regierungschef Silvio Berlusconi hätte gar nichts Schlimmes daran gefunden, hatte er den US-Präsidenten ja schon vor Jahren als „jung, ansehnlich und sogar gebräunt" bezeichnet. Man sieht: Political Correctness (PC) bleibt aktuell. Was mit *Negro dialect* gemeint war, heißt mittlerweile „Black English Vernacular" (BEV), „African-American Vernacular English" (AAVE) oder „Ebonics".

Wissen Sie zum Beispiel, wie man jemanden nennt, der zu je einem Viertel Chinese, Thai und Schwarzer, pardon: Afro-American, ist und zu je einem Achtel Indianer, pardon: Native American, und Holländer? Wenn es nach dem Profigolfer Tiger Woods geht, der aus einer derartigen Verwandtschaft hervorging: Cablinasian.

Oriental (Asiate) ist passé, es heißt nun Asian-American. Und was wie ein abfälliger Spitzname für Mexikaner klingt, war eine Zeitlang politisch korrekt: Chicana oder Chicano. Aktuell ist wohl Mexican-American. Eskimos heißen Inuit. Und für Hawaii ist ALOHA im Gespräch: Aboriginal Lands of Hawaiian Ancestry.

Vorsicht ist angeraten, wenn man sich nicht dem Vorwurf der Diskriminierung aussetzen will. Dieser Begriff wird mittlerweile weit gefasst. Zur Erinnerung: Jemand, der „daneben liegt", denkt nur „differently logical". Und wenn früher jemand langweilig war, so ist er jetzt „charm-free" oder „differently interesting". Niemand ist dumm, sondern bestenfalls „cerebrally undercapitalized". Keiner ist faul, sondern nur „motivationally deficient".

Ein Versagen oder Flop entschuldigt man als „deficiency achievement" oder „incomplete success", einen Versager rühmt man als ein „individual with temporarily unmet objectives". Wer in der Schule sitzenbleibt, bekam „nonpassing grades". Eine „alternatively schooled person" war einstmals als Analphabet bekannt.

Haben Sie Verständnis für Kriminelle, sorry, für die „ethically disoriented und morally different" – sie sind lediglich „difficult to serve". Titulieren Sie einen Ladendieb als „nontraditional shopper" – er stiehlt nicht, sondern nimmt einen „transfer of goods" vor. Vielleicht war er „chemically inconvenienced" (bekifft oder betrunken)? Die Tätigkeit eines Bankräubers: „unauthorized withdrawal". Mord heißt jetzt „health alteration", ist allerdings immer noch strafbar. Der Knackie wird aber bitte zum „client of the correctional system".

Zurückhaltung auch bei traditionellen Werten! Niemand ist wirklich schön, sondern allenfalls „cosmetically attractive" oder „better-than-average attractive". Einen beleibten Mitmenschen, also einen Vollschlanken, nennen Sie korrekterweise „larger-than-average citizen", „person of size", „differently sized", „person of substance", „person with an alternative body image" oder „horizontally challenged/gifted". Hässlich ersetzen Sie durch „differently visaged". Der Western mit Clint Eastwood heißt neuerdings „The Good, the Bad, and the Cosmetically Different". Und Schneewittchen kennt keiner mehr, sondern nur noch „Snow Melanin-Impoverished and the Seven Vertically Challenged Individuals".

Umdenken bitte auch im Kleinen. Ein Kind ist jetzt ein „pre-adult" (und eine kleine Nervensäge ein „attention deficit disordered pre-adult"), ein Babysitter ein „childcare provider". Die etwas älteren Mitbürger sonnen sich in „the golden years", sind „chronologically gifted", „experientially enhanced", „mature", „senior" oder „seasoned". Dass sie altern, ist das Phänomen der „decreased propensity for cell replication".

Ins „wellness center" (Krankenhaus) werden Sie mit einer „mobile response unit" gefahren (nicht zu verwechseln mit einem „man-operated residential refuse collection and compaction vehicle", was früher schlicht „garbage truck" hieß). „To achieve corporal terminality" hieß früher „to die", und wer tot ist, ist politisch korrekt „terminally inconvenienced". Tritt der Exitus im Krankenhaus ein, schreibt der Arzt „negative patient-care outcome" oder „failure to fulfill the wellness potential" auf die Rechnung. Leichenbestatter werben mit rechtzeitigen „pre-need arrangements". Zombies sind „differently dead". Die Witwe ist die „surviving spouse" und ihre Witwenrente heißt „death gratuity". In diesem Zusammenhang: Früher hatten Ärzte Patienten, jetzt betreuen „caregivers" beziehungsweise „health care producers" die „health care consumers".

Ganz heikel wird es auch, wenn es um Tiere und Pflanzen geht. Die nichtmenschlichen zoologischen Mitbewohner sind „citizens of nature". Das Wort Haustier (pet) ist natürlich auch komplett out, ersetzt durch „household nonhuman animal" oder „animal companion". Entsprechend die Topfpflanze: „botanical companion". Einen sensiblen Dompteur können Sie wohlwollend noch als „interspecies communicator" bezeichnen, aber ein Holzfäller ist und bleibt für konsequente Ökologen ein „tree butcher".

Reden Sie vom Geschäft, so bezeichnen Sie Verluste als „revenue shortfall" oder „negative cash flow", schimpfen Sie über ungeduldige Gläubiger, so verschleiern Sie sie als „credit analysts". Der Lohnstop ist ein „extended review cycle". Unerwünschte Bewerber wimmeln Sie auf dem Anrufbeantworter ab mit „Please call me through my answering service" oder nur „Call my service" oder – überdeutlich – „Don't call us, we'll call you". Wollen Sie jemandem klarmachen, dass er sie nicht für dumm verkaufen soll, sagen Sie: „I don't doubt your word, but..."

Müssen Sie Ihr Unternehmen „gesundschrumpfen" und „Stellenabbau" betreiben, so polterten Sie früher mit dem Ausdruck herum „to give someome the ax", also jemanden feuern. Heute handelt es sich um „downsizing" oder „streamlining". Immer gut ist eine Abkürzung, in diesem Fall RIPP („reduction-in-personnel plan") oder – im Öffentlichen Dienst – RIF („reduction in force").

Schonen Sie möglichst die „execs" (executives, leitende Angestellte) und vor allem die „veeps" (Vice Presidents, Vorstandsmitglieder). Die Entlassenen sind „involuntarily leisured", „indefinitely idled" oder „in an orderly transition between career changes".

Machen Sie sich nichts daraus, des „cherry picking" bezichtigt zu werden, wenn Sie alle außer den guten Arbeitskräften feuern („pick'n the cherry" jedoch bedeutet, bei rot über die Ampel zu fahren). Schieben Sie es auf die Konzernzentrale (Headquarters oder kurz HQ, auch als „Bullshit Castle" bekannt) und deren Befehle („policy guidelines"). Statistiken („fact patterns") ignorieren Sie am besten. Ihre Personalabteilung übergeben Sie einem „Vice President of Staff/Human Resources". Soll der sich doch um die „redundancy of human resources" kümmern, um „den Stellenabbau". Will der jemandem nahelegen, selbst zu kündigen, fragt er unschuldig: „Are you sure you're feeling all right this week?"

Um den Abfall kümmert sich ein „sanitation engineer", der kann auch für „bathroom tissue" (Toilettenpapier) zuständig sein. Dumm gelaufen, wenn Sie trotz aller schöner Sprache „financially embarrassed" sind – dann sind Sie nämlich pleite.

Sollten Sie jemals verhört werden, so lautet Ihre Standardantwort nicht plump „I don't remember", sondern „I do not have an independent recollection" oder „I have no specific memory of..." Außerdem waren Sie weder „nude" noch gar „naked", sondern höchstens „underclothed", und die Situation mag bestenfalls „explicit" gewesen sein, auf keinen Fall „obscene". Das funktioniert auch in Untersuchungsausschüssen, und schon sind Sie fit als Politiker. Steuererhöhungen verkaufen Sie als „revenue enhancement" oder „tax base erosion control". Gerät irgend etwas außer Kontrolle, so spielen Sie es als „above critical" herab. Eine Explosion ist eine „energetic disassembly", der Absturz eines Jumbos eine „involuntary conversion of a 747".

Noch ein Beispiel für weitergehende PC: der Schneemann. Warum Mann? Bestenfalls „snow person". Aber auch „person" hat es in sich. Wieso Sohn? Also bitte korrekt: „snow persun". Bei aller Sympathie – hoffen wir, dass diese Winterskulptur unter der ersten Frühlingssonne „moisture-enhanced" ist (geschmolzen).

Doch nicht nur die wörtliche Rede birgt Gefahren, auch bei schriftlichen Äußerungen sollten Sie auf der Hut sein. Man könnte Ihnen ähnlich wie Arnold Schwarzenegger versteckte Botschaften unterstellen. Was war passiert? Der demokratische Abgeordnete Tom Ammiano hatte dem einstigen kalifornischen Gouverneur im politischen Streit ein herzhaftes „kiss my gay ass" zugerufen. Kurz darauf sandte der „Terminator" ihm einen Brief, der für Aufregung sorgte. Das nicht wegen des Inhalts, sondern wegen des Layouts: Die Buchstabenabfolge der Zeilenanfänge ergab „fuck you". „Reiner Zufall", versicherte Schwarzeneggers Pressesprecher.

Kein Zweifel: Der Ex-Österreicher hat den Hosenbandorden verdient. Dessen Motto heißt ja „Honi soit qui mal y pense" (ein Schelm, wer Böses dabei denkt).

„I do not like broccoli"

„I do not like broccoli. And I haven't liked it since I was a little kid and my mother made me eat it. And I'm President of the United States and I'm not going to eat any more broccoli." Nein, seinen Brokkoli aß er nicht, der George H. W. Bush. Nicht alles, was amerikanische Präsidenten von sich geben, lohnt des Aufhebens, aber dieses Zitat ging in die Geschichte ein.

Die für Deutsche in den letzten 50 Jahren wichtigsten Sätze von US-Präsidenten sind wohl „Ich bin ein Berliner" von John F. Kennedy am 26. Juni 1963 (Ghostwriter: Robert H. Lochner) und „Mr. Gorbachev, tear down this wall" von Ronald Reagan am 12. Juni 1987. Richard Nixon hat es übrigens 1969 in Berlin mit dem Satz versucht „ Ha-ho-he, Berliners are OK!" und Jimmy Carter 1978 „Was immer sei, Berlin bleibt frei!"

Von Kennedy stammt auch das Zitat aus dem Jahr 1961, das jeder zu Ende sprechen kann, der nur die ersten beiden Wörter hört: „Ask not what your country can do for you – ask what you can do for your country." Auf diese Zeit geht auch Martin Luther Kings berühmte Rede „I Have A Dream" zurück (1963).

Was für die Deutschen das Lutherwort „hier stehe ich, ich kann nicht anders" ist, fassen Amerikaner in die Worte „I cannot tell a lie." Die Geschichte lernt jeder in der Grundschule: Der kleine George Washington legte mit seinem neuen Beil den Kirschbaum im Garten um. Von seinem Vater zur Rede gestellt, gestand er sofort die Missetat. Diese Aufrichtigkeit gilt bis heute als vorbildlich. Aus späteren Jahren stammt sein oft zitierter Ausspruch „I die hard but am not afraid to go." Nach seinem Geschmack war sicher der Ausruf des Zeitgenossen Patrick Henry: „Give me liberty or give me death!"

In keinem amerikanischen Geschichtsbuch fehlen auch die Zitate aus Kriegen. Der legendäre „shot heard around the world", eine Formulierung des Dichters Ralph Waldo Emerson, bezieht sich auf die Schlacht von Lexington und Concord 1775, den blutigen Beginn des Unabhängigkeitskrieges. Der bekannte Slogan der Revolutionäre war „Taxation without representation is tyranny." Nicht von John Wayne stammt der Befehl: „Don't fire until you see the whites of their eyes", sondern von dem Offizier William Prescott vor der Schlacht von Bunker Hill. Oft zitiert wird auch „Don't give up the ship!" – der letzte Befehl des tödlich verwundeten US-Kapitäns James Lawrence, im „Krieg von 1812".

Im selben Jahrhundert prägte der Verleger Horace Greeley die Aufforderung „Go west, young man." Damals ging es konkret um die Inbesitzname des westlichen Gebiets Nordamerikas durch Besiedlung. Heute ist der Satz eine Ermunterung, zu neuen Ufern aufzubrechen. Schon 1823 hatte US-Präsident James Monroe gefordert: „America for the Americans!", was als „Monroedoktrin" in die Geschichte einging.

Unsterblich wurde die Definition des Begriffs „Demokratie" durch Abraham Lincoln in seiner „Gettysburg Address": „government of the people, by the people and for the people". „The world must be made safe for democracy" – mit diesem Statement rechtfertigte Woodrow Wilson 1917 den Kriegseintritt des Landes. Den Überfall auf Pearl Harbor 1941 kommentierte Präsident Franklin D. Roosevelt mit „a date which will live in infamy". Sein anderer bekannter Ausspruch stammt schon aus dem Jahr 1933 und bezieht sich auf die Depression: „The only thing we have to fear is fear itself."

Die Drohung „I shall return" geht auf General Douglas MacArthur zurück, als er 1942 von den Japanern von den Philippinen vertrieben wurde. Er machte seine Prophezeiung zwei Jahre später wahr. „Speak softly and carry a big stick" lautete die Maxime von Präsident Theodore Roosevelt zur Außenpolitik. „Houston, we've had a problem here", funkte Apollo 13-Astronaut John Swigert 1970 zur Erde.

Von Präsident Calvin Coolidge stammt die Forderung „The business of America is business". Schön und gut, dachte Präsident Harry Truman, aber: „The buck stops here." Dabei bezog sich dieses Schild auf seinem Schreibtisch nicht, wie vielleicht denkbar, auf mögliche Bestechungsversuche, sondern auf seine ultimative Verantwortung. Trumans Lieblingsausspruch war: „If you can't stand the heat, get out of the kitchen".

Dem Ehrenwort Uwe Barschels kam Richard Nixon nahe mit seiner Auslassung „People have got to know whether or not their president is a crook. Well, I'm not a crook." Ganz der Pragmatiker, stellte Ronald Reagan fest: „Politics is not a bad profession. If you succeed, there are many rewards; if you disgrace yourself, you can always write a book."

Und warum fahren wir immer wieder gern in die USA? „There is nothing wrong with America", sagte Bill Clinton, „that cannot be cured by what is right with America."

Hinz und Kunz und Calamity Jane

Wir wollen die Dinge einmal beim Namen nennen. Nicht alles kann man elegant ins Englische übersetzen, aber vieles. Setzen wir unsere Unterschrift unter ein Schriftstück, ist es der „Friedrich Wilhelm"; im Amerikanischen sagt man *Alexander Hamilton* oder *John Hancock* – prominente Unterzeichner der Unabhängigkeitserklärung. Otto Normalverbraucher ist als *John Doe*, *Joe Blow*, *Joe Doakes* oder *Joe Citizen* bekannt, Lieschen Müller als *Jane Doe* oder *Jane Q. Public*.

Fleißige Lieschen – das sind *Busy Lizzies*, *Tin-Lizzy* nennt man den erstmals 1908 gebauten Model T von Henry Ford. Mit *Connie* kann man die *Super-Connie* (das Flugzeug Super-Constellation von Lockheed) oder den Lincoln Continental, einen Straßenkreuzer, meinen. Im UK bedeutet *Andrew* die Royal Navy, in Amerika *Friends of Billy W.* die Anonymen Alkoholiker.

Hold it, Buster! ist der klassische Satz, mit dem Frauen Männer auf Distanz halten wollen, während *Charlie's dead* bedeutet „es blitzt" (die Unterwäsche schaut heraus). Ein *good-time Charley* ist ein Optimist oder jemand mit sonnigem Gemüt und ein *charley horse* ein Muskelkater. *Tight as Dick's hatband* bedeutet fies zu sein, *to be full of Old Nick* den Schalk im Nacken haben, zu Unsinn aufgelegt sein.

Speedy Gonzales kennen wir, der ist von der schnellen Truppe. *No way, José* können wir mit „du spinnst wohl, kommt nicht in die Tüte" eindeutschen. *Hasty Harry* ist ein Hektiker, *nervous Nellie* ein nervöses Huhn (aber *naughty Nellie* der Stiefelknecht). Während *Earnie* soviel wie Bratbär heißt, ist mit *long-tall-Sally* eine „Bohnenstange" gemeint, mit *Calamity Jane* ein Pechvogel. *Ralph* ist auch das Synonym für Kotzen oder Rülpsen.

Was der Sepp in Bayern, ist Joe in Amerika. Genauer: *holy Joe* ist ein Geistlicher, *good Joe* eine ehrliche Haut, ein feiner Kerl, *Joe Schmo* ein Idiot. Ähnlich populär: *John.* Ein *square john* ist ein Aufrechter, Gesetzestreuer, ein *Johnny-be-good* oder *John Law* ein Polizist, ein *Johnnie-come-lately* ein Neuankömmling. Mit einem *Dear John letter* sagt „sie" ihrem Freund, dass Schluss ist. *John* ist auch das Herren-WC, das Damen-WC wird *Mrs. Murphy* oder *Ruth* genannt. Ein *Peeping-Tom* ist ein Spanner.

Maggie's drawers – das bedeutet „Fehlschuss", der eventuell den Ausruf *for Pete's sake!* provoziert (Mensch Meier!). Das kann jedem *Tom, Dick and Harry* passieren, also Hinz und Kunz, Krethi und Plethi, *roger?*

Eine Drehscheibe auf dem Essenstisch wird als *Lazy Susan* bezeichnet. Damit geht es bequemer, für *even-Steven* zu sorgen, eine gerechte Aufteilung.

Während man die Bedeutung vieler „Vornamen-Begriffe" raten kann, fällt dies bei den „Eigennamen-Begriffen" schwerer. *For sweet Fanny Adams* bedeutet „für die Katz", *all my eye and Betty Martin* ist „Blödsinn", *Hobson's choice* heißt „friss Vogel oder stirb", und *Rafferty's rules* besagt, dass es keine Regeln gibt. Auf Humphrey geht angeblich *to bogart* zurück (nassauern, selber essen macht fett).

Bott's dots beziehungsweise *speed bumps* sind „Kölner Teller" (also „Knöpfe" auf der Straße zur Verkehrsberuhigung, in Lateinamerika *sleeping policemen* genannt, in Australien *road humps* und in Neuseeland *judder bars). Admiral Browning* ist Kot auf der Straße (eine *road pizza* ist ein plattgefahrenes Kleintier).

Wird jemand aufgrund seiner Dienstjahre oder turnusmäßig zu einem Posten ernannt, handelt es sich um *Buggins's turn*. Das Statement *where MacGregor sits is the head of the table* ist ein Machtanspruch nach dem Motto „der Mittelpunkt bin stets ich". *To live the life of Riley* bedeutet „wie Gott in Frankreich", *before you could say Jack Robinson* heißt soviel wie „im Nullkommanichts", „im Handumdrehen".

The real McCoy („der wahre Jakob") hieß eigentlich Norman Selby, war Boxweltmeister im Welter- und Mittelgewicht, brachte 1924 seine Freundin um und vergiftete sich schließlich. *Mr. Hawkins* hingegen gibt es noch heute, er bezeichnet die kalten Winterwinde im Nordosten der USA. Die *Mason-Dixon Line* ist die Grenze zwischen Maryland und Pennsylvania, aber vor allem die symbolische Trennung von Nord- und Südstaaten (benannt nach zwei Landvermessern).

Literatur und Entertainment haben das ihre zu Wortschöpfungen beigetragen. *Babbitt* zum Beispiel bezeichnet einen selbstgefälligen Spießer (nach Sinclair Lewis gleichnamigem Roman, 1922), eine *Horatio Alger story* ist eine „Tellerwäscherkarriere" *(from rags to riches)*, nach dem US-Schriftsteller Horatio Alger (1834-1899), einem Bestsellerautor mit 119 Büchern, in denen der „amerikanische Traum" thematisiert wird, also sozialer Aufstieg durch Fleiß. Eine *patient Griselda* ist jemand mit endloser Geduld und geht auf eine Gestalt aus den Werken von Boccaccio und Chaucer zurück.

Namen sind Schall und Rauch? Dale Carnegie jedenfalls meint: „Für jeden Menschen ist sein Name das schönste und bedeutungsvollste Wort in seinem Sprachschatz."

Once upon a time

Adventskalender mit köstlichen Süßigkeiten sind kein schlechtes Geschenk zur Vorweihnachtszeit, wenn man nach Amerika fliegt und Freunde trifft. Jenseits des Atlantiks ist dieses Dezemberzubehör allerdings kaum bekannt und deshalb erklärungsbedürftig. Selbst „Advent" dürfte den Wenigsten geläufig sein, so religiös viele Amerikaner auch sind. Was halten Sie von der Bezeichnung „Chocolate count-down calendar"? Ich finde sie genial.

Auch der „Nikolaus" (ursprünglich der Bischof von Myra) ist in Amerika nicht das, was er bei uns ist. (Obacht: Old Nick ist der Teufel!) Nikolausens Namensvetter Santa Claus, der Weihnachtsmann, spielt ja eine andere Rolle als sein Vorbote vom 6. Dezember. Und der 31. Dezember ist „New Year's Eve", nicht aber „Silvester". Papst Silvester I. aus dem 4. Jahrhundert ist als Patron für ein gutes neues Jahr im eher protestantischen Amerika nicht maßgeblich.

In diesem Sinne wird auch ein Hinweis auf Petrus im Zusammenhang mit dem Wetter nicht verstanden. Einige katholische Heilige wurden allerdings in Ortsnamen verewigt, von Spaniern, so Franz von Assisi in San Francisco und Santa Fe.

Mother Holle ist nur etwas für Kenner der *Grimm's Fairy Tales*, und solche Experten sind in Amerika immer seltener anzutreffen. Gäbe es nicht die Filme von Walt Disney, sähe es noch schlechter aus mit der Verbreitung europäischen Märchengutes. Wie viele Wall Street-Börsianer wissen wohl, dass ein *White Knight* nicht nur ein finanzstarker Investor ist, der ein Unternehmen vor einer feindlichen Übernahme rettet, sondern vor allem eine Figur von Lewis Carroll und anderen Autoren. Nicht zu verwechseln mit *Prince Charming*, dem Retter des Dornröschens *(Sleeping Beauty)*. *Prince Charming* heißt soviel wie „Traummann".

Wenn Sie ein Amerikaner auffordert „try the glass slipper if it fits", gleicht das dem Hinweis, sich nicht zu übernehmen. Erinnern Sie sich noch an die Stelle bei „Aschenputtel" *(Cinderella)*? Die „iron slippers" hingegen entstammen aus „Schneewittchen" *(Snow White and the Seven Dwarfs)*, ebenso wie der „poisonous apple".

Für Small Talk sind kleine Zitate aus Märchen oft geeignet. Zum Beispiel in Wahlkampfzeiten das „Spieglein, Spieglein an der Wand": „Looking-glass, looking-glass, on the wall, who in this land is the fairest of all?" Wer weiß, vielleicht ist ein „ugly duckling", ein „hässliches Entlein", unter den Kandidaten (worüber sich Hans Christian Andersen freuen würde). Der Einwurf „once upon a time" würde klarmachen, was Sie vom Wahrheitsgehalt politischer Reden halten.

Zum Thema Steuern könnten Sie das „Knusper, knusper, Kneischen, wer knuspert an meinem Häuschen?" ins Gespräch bringen: „Nibble, nibble, gnaw, who is nibbling at my little house?" Universell einsetzbar „die Guten ins Töpfchen, die Schlechten ins Kröpfchen": „the good into the pot, the bad into the crop".

Nach einem 7-Gänge-Menü könnten Sie stöhnen „Was rumpelt und pumpelt in meinem Bauch herum?": „What rumbles and tumbles against my poor bones? I thought 'twas six kids, but it feels like big stones." Für Las Vegas empfiehlt sich „Bäumchen, rüttel dich und schüttel dich, wirf Gold und Silber über mich": „Shiver and quiver, my little tree, silver and gold throw down over me."

Im Liebesleben heißt es erst „Rapunzel, Rapunzel, let down your hair!" Das wird später mitunter ersetzt durch „Flounder, flounder in the sea, come, I pray thee, here to me. For my wife, good Ilsabil, wills not as I'd have her will."

Zur Beschreibung der Situation der FDP nach den Wahlen 2013 könnte man den Zählreim „Zehn kleine Negerlein" heranziehen – das wäre in Amerika „Ten Little Indians".

Und wenn sie nicht gestorben sind, dann leben sie noch heute: And they all lived happily ever after.

Schmerz im Nacken

Wenn es im amerikanischen Fernsehen piepst, hat gerade jemand an der Stelle „fuck", „shit" oder Schlimmeres gesagt. Das müssen die Sender akustisch zensieren, wenn sie saftigen Strafen an die Federal Communications Commission entgehen wollen. So verpassen Sie leider die wundervolle Welt des Fluchens und Schimpfens, auch Malediktologie genannt.

Ob Ihre Kreditkarte pünktlich zum Reisebeginn abgelaufen ist oder Ihr Campmobil einen Platten hat – Gelegenheiten für Gemütsausbrüche gibt es unterwegs zuhauf. Könnte es sein, dass Sie dann fluchen wie ein Droschkenkutscher *(to swear like a trooper)*? Wenden wir uns den Nuancen zu.

So ziemlich das Ärgste, was Ihnen in den USA passieren kann, ist die Bezeichnung *son of a bitch* (oder nur *s.o.b.*, also „Hundesohn") oder *bastard* („Schweinehund") – es sei denn, es ist mit offenkundiger Anerkennung ausgesprochen, worauf sich die Beleidigung in Bewunderung kehrt. Denjenigen, den man im Deutschen einen „Angeber", „Großkotz", „Schwätzer", „Quatschkopf", „Labersack" oder „Maulhelden" nennt, bezeichnet man in den USA als *gasbag, windbag, show-off* oder *me-too*. Ein „Windbeutel" hingegen ist ein *cream puff*.

Ein „Arschkriecher" (oder „Stiefellecker") ist ein *cookie pusher, egg-sucker, brownnoser* oder *candy-assed apple polisher*, während unter einem *toxic waste dump* (wörtlich: „Giftmüllhalde") im übertragenen Sinn ein „Ekel" oder „Ekelpaket" zu verstehen ist. Ein „Brechmittel", „Kotzbrocken" oder eine „Filzlaus" ist ein *pain in the ass*. Doch der *pain in the neck* ist oft eher gutmütig gemeint, zu übersetzen etwa mit „Quälgeist" oder „Nervensäge". Ohne Humor wird aus denselben Begriffen *nerd, fussbudget* oder *bird turd*.

Auch bei diesen Wörtern kommt es darauf an, genau hinzuhören: Ein *smart ass* oder *smart aleck* ist in der Regel ein „Besserwisser" oder „Klugscheißer" (kann aber nachsichtig gemeint sein), und *bullshit (B.S.*, auch als *banana oil* bezeichnet) hat die Bedeutung von „Blödsinn" oder „Quatsch mit Soße". *What a bummer* meint schlicht und ergreifend „Scheißspiel".

Keine Mißverständnisse muß man hier befürchten: Ein *desk jockey* ist ein „Sesselfurzer" und sonst nichts, ein *sourpuss* (oder *Gloomy Gus, wet blanket, party pooper)* ein „Miesepeter" oder „Griesgram", ein *wet sock* ein „Jammerlappen", ein *complainer* ein „Meckerheini". Auch beim *B.O.F. (Boring Old Fart*, „Mummelgreis"), *old turd* („alter Knacker") oder *dirty old man (D.O.M.*, „Drecksack") sind keine Zwischentöne möglich.

Als *pisser, fusspot* oder *stickler* bezeichnet man einen „Korinthenkacker" oder „Erbsenzähler", als *flatterer* einen „Schleimscheißer", als *bore, pratt, dogo, loser* oder *wimp* eine „Flasche". Die Wörter *wimp, wet* und *twit* haben die Bedeutungsbreite „Arsch mit Ohren", „Gartenzwerg" und „Knalltüte". Als Übersetzung für *moron, nit, bonehead* und *half-wit* bieten sich „Schwachkopf", „Holzkopf", „Depp", „Trottel", „Esel", „Hornochse" und „Kamel" an, *für evil little bastard/devil* „Dreckschleuder", „Giftspritze" und „Giftzwerg" – sage einer, der deutschen Sprache fehle es an Ausdruckskraft!

Auch hier müssen wir hinsichtlich einer adäquaten Übersetzung nicht klein beigeben: Ein *jerk* ist eine „Pißnelke" oder ein „Lackaffe", ein *rat bag* ein „Giftzahn", ein *stubborn old goat* ein „sturer Bock" und ein *pratt* ein „Stinkstiefel". Für die Begriffe *slowpoke, slowcoach, idle sod* und *snorer* gibt es die Übersetzungen „Lahmarsch", „lahme Ente", „fauler Sack", „Trantüte", „Schnarchsack" und „trübe Tasse".

Eine *little old lady* ist eine „alte Schachtel" oder ein „altes Mütterchen". Das muss nicht abfällig gemeint sein, wie der Beach Boys-Hit „The Little Old Lady from Pasadena" aus dem Jahr 1964 zeigt. Das Lied bezog sich übrigens auf eine witzige Werbung für Dodge-Straßenkreuzer. Unter *broad, skirt, crumpet* und *chick* subsumiert der Amerikaner den deutschen Begriff „Tussi", ein *tramp* ist ein „Flittchen", eine *bitch* eine „Zimtzicke", eine *slut* eine „Schlampe". Ein *dude* oder *bloke* ist ein „Knilch", „Macker" oder „Dödel", *bozo* ein „Heini", wohingegen *runt* und *wimp* einen „Kümmerling" bezeichnen.

Als bisher unübersetzbar galt das Bayrische „Himmiherrgotzaggramentzefixallelujamilextamarschscheißglumpfaregtz". Nach jahrelanger Arbeit gelang dem Sprachwissenschaftler Otto Hietsch jetzt diese englische Version: *goshalmightysakesaliveglryshovitshitpitpissandcorruption.*

Ob Sie diese Ausdrücke auch aktiv benutzen sollen? *Hell, no! They suck*, sie sind Scheiße.

Let's face the music

Wenn in den USA die beiden Fanfaren „Ruffles" und „Flourishes" ertönen, sind zwei Dinge klar: Erstens folgt das Lied „Hail to the Chief", und zweitens tritt der Präsident des Landes bei einem offiziellen Anlass auf. Das ist seit 1828 so, und diplomatischem Brauch zufolge darf die Melodie nur zu diesem Anlass als Auftakt gespielt werden. Sie geht auf ein gälisches Volkslied zurück, den Text dazu – „Lady of the Lake" – schrieb Sir Walter Scott, Autor des Ritterromans „Ivanhoe".

„Hail to the Chief" ist sozusagen ein *signature tune*, eine Erkennungsmelodie. Klar denkt man zum Beispiel bei „Over the rainbow" an Judy Garland, bei „New York, New York" an Frank Sinatra oder bei „Thanks for the Memory" an Bob Hope. *Signature restaurants* andererseits sind Gaststätten, die von sich behaupten, der *chef* (Koch) habe eine ganz eigene „Handschrift", eine „persönliche Note" eben.

Vornehmlich gespielt wird „Hail to the Chief" von der United States Marine Band, deren Existenz auf nichts weniger als einen Beschluss des US-Kongresses aus dem Jahr 1798 zurückgeht. Thomas Jefferson gab der Band den inoffiziellen Titel „The President's Own" – sie spielt seitdem bei jeder Amtseinführung. Ihr 17. Konzertdirektor war John Philip Sousa, Komponist solcher Klassiker wie „The Stars and Stripes Forever", „El Capitan", „King Cotton" oder „The Washington Post March".

Auch „Semper fidelis" stammt aus seiner Feder, der Marsch der US Marines.

Erst 1931 wurde die Melodie des „Star Spangled Banner" als Hymne der USA offiziell festgelegt. Sie beginnt bekanntlich mit den Worten „O say, can you see". Dass die mexikanische Version „José, can you see" lautet, stimmt nicht! Der Text von Francis Scott Key geht auf das Jahr 1812 zurück, als ein Sieg Amerikas über die Briten gefeiert wurde. Die Melodie stammt aus einem populären englischen Trinklied, wer hätte das gedacht. Auch das patriotische „Yankee Doodle Dandy", mittlerweile die Hymne des Staates Connecticut und die *signature tune* des Radiosenders „Voice of America", ist britischen Ursprungs. Ganz amerikanisch hingegen die Hymne der Confederacy, „I Wish I Was In Dixie's Land", 1859 von Daniel Decatur Emmett komponiert.

Gern zu festlichen Anlässen wie Schulabschlüssen *(graduation)* intoniert wird „Pomp and Circumstance No. 1". Diesseits des Atlantiks kennt man den schmissigen Marsch als „Land of Hope and Glory" von Edward Elgar, regelmäßig als Finale der „Last Night of the Proms" in London gespielt und gesungen.

Inflationär eingesetzt ist mittlerweile das von Amerikanern heißgeliebte „America The Beautiful", das bei keinem Baseball- und Footballspiel von Bedeutung fehlen darf. Der Text der Universitätsprofessorin Katharine Lee Bates wurde 1882 von Samuel A. Ward vertont und wird typischerweise mit der Inbrunst eines Kirchenliedes dargebracht. Die Idee „from sea to shining sea" nahm der politisch aktive Volks-

sänger Woody Guthrie in seinem populären „This Land Is Your Land" weniger pathetisch auf. Zu den wiederum staatstragenden Hymnen zählt noch „God Bless America" von Irving Berlin, der durch „White Christmas" unsterblich wurde.

Ein Musical stand Pate für die offizielle Hymne des Bundesstaates Oklahoma – das gleichnamige Bühnenstück von Richard Rodgers (Musik) und Oscar Hammerstein (Text). Der Titelsong ist seit 1953 „in Amt und Würden". Ohne ähnlichen Beschluss, aber wirksam ist natürlich längst „When the Saints Go Marching In", der *signature song* von New Orleans.

Und was ist das meistgespielte Lied in Amerika? Selbstverständlich „Happy birthday", entstanden 1893 als „Good Morning To All" in einem Kindergarten in Louisville, Kentucky. Die berühmteste Interpretation des Ständchens stammt sicherlich von Marilyn Monroe, als sie es 1962 anlässlich des Geburtstags von John F. Kennedy im Madison Square Garden hauchte und damit ihre Affäre mit dem Präsidenten ausposaunte. Vermutlich hat Jackie dem John in dieser Nacht die Flötentöne beigebracht. Ende vom Lied.

Figaro, Figaro

Es gibt kein Datum in den USA, an dem nicht irgendetwas gefeiert wird, und viele Feste gewähren einen Einblick in die bunte amerikanische Kultur. Nehmen wir irgendeinen Tag heraus, den 11. April. Das war der Tag des Apollo 13-Unglücks (1970) und der Tag des Inkrafttretens des Bürgerrechtsgesetzes (1968). An diesem Tag im Jahre 1938 wurde aber auch in Tulsa, Oklahoma die Society for The Preservation and Encouragement of Barber Shop Quartet Singing in America (S.P.E.B.S.Q.S.A.), auch Barbershop Harmony Society genannt, gegründet. Also wird der 11. April als Barbershop Quartet Day begangen.

Barbershop-Gesang ist *as American as apple pie*, einer der wenigen originär amerikanischen Musikstile. Wer die Comedian Harmonists mag, dem wird auch die A-cappella-Musik der Barbershop-Quartette im Ohr schmeicheln. Entstanden ist der Barbershop-Gesang in Frisörläden der Südstaaten, wo sich sangesfreudige Herren die Wartezeit verkürzten, indem sie in mehrstimmigem Chor leichte Muse improvisierten und sich dabei vergnügten. Man brauchte einen Bass, einen Bariton, einen Tenor („tenner" gesprochen) und als Führungsstimme einen *lead* – schon konnte perfekte Harmonie entstehen.

Natürlich benutzt die Barbershop-Gemeinschaft ihr eigenes Vokabular. So wird der Chorleiter *MD* genannt, die Abkürzung für Musical Director. Das Standardrepertoire an Songs heißt *Polecats*. Jeder Barbershopper hat diesen Liedschatz drauf und kann somit überall spontan mitsingen.

Da diese Musik oft bewusst übertrieben sentimental ist, haftet ihr das Attribut *corny* an, also abgedroschen, kitschig und schmalzig. Aber gerade daran hatten die Barbershop-Fans stets mit Augenzwinkern Spaß, und so erfreut sich die Sangesbewegung großer Beliebtheit. Präsident Harry S. Truman und FBI-Direktor William Sessions waren ebenso aktive Barbershopper wie Sänger Gordon Lightfoot, Trickfilmer Bill Hanna oder Schauspieler Groucho Marx. Seit 1991 gibt es auch in Deutschland eine Anlaufstelle: BinG! – Barbershop in Germany e.V.

Einer der schönsten von Barbershop-Musik geprägten Filme ist das in Deutschland nie sonderlich erfolgreiche Musical „The Music Man" von Meredith Willson. Es spielt im provinziellen Amerika zu Anfang des 20. Jahrhunderts und nimmt viele Stereotypen auf die Schippe: gespreizte Doppelmoral, windige Geschäftsmacherei und kleinstädtische Bildungsbeflissenheit. Am

Ende jedoch wird mit viel Herz – *God bless America!* – das Gemeinschaftsgefühl gefeiert und eine *marching band* schmettert den Hit „Seventy-six Trombones".

Für jeden, der wissen will, *how America ticks*, ist dieser Streifen mit Ironie und Wortwitz eine vergnügliche Lektion voller toller Melodien. Das „Music Man"-Lied „Till There Was You" wurde von den Beatles 1962 im Hamburger Star Club adaptiert.

Das erfolgreichste Bühnenstück in America ist übrigens weder ein Musical noch ein Shakespeare-Klassiker, sondern die Krimikomödie „Shear Madness" des deutschen Dramatikers Paul Pörtner. In Boston und Washington, DC steht das Stück – ähnlich wie Agatha Christies „The Mousetrap" in London – täglich auf dem Programm. Mein Tipp: hingehen!

Und entdecken Sie auf Ihrer Reise auch die kleinen Theater im Land. Dabei muss es weder die neueste Broadway-Produktion sein noch ein Hollywood-Star als Zugpferd. Sie werden auch von amerikanischen Klassikern, von denen Sie nie gehört haben, mit größter Wahrscheinlichkeit bestens unterhalten. Vielleicht gibt es sogar ein Barbershop-Konzert. *Give it a try.*

Here's looking at you

Bei Preisverleihungen auch in Deutschland beliebt ist die Einleitung „And the winner is...", eine klare Anspielung auf die Oscar-Verleihung *(Academy Awards)*. Viele Jahre war diese Formulierung in Hollywood aber verpönt, weil sie die Nichtgewinner zu Verlierern stempelte. Stattdessen hieß es rituell „And the Oscar goes to ..."

Achten Sie also auf die Nuancen, wenn Sie mit einem Filmzitat beim Smalltalk oder in einer Konferenz punkten wollen. Die Bemerkung „sitzt" nur, wenn sie präzise ist. Der wohl populärste Satz der Filmgeschichte stammt von Clark Gable als Rhett Butler in „Gone with the Wind" (oder kurz „GWTW")/"Vom Winde verweht" (1939): „Frankly, my dear, I don't give a damn." („Offen gesagt ist mir das gleichgültig.") Vivien Leigh als Scarlett O'Hara seufzt in demselben Opus wiederholt: „After all, tomorrow is another day!" („Verschieben wir's auf morgen!")

Eine Goldmine für Zitate ist natürlich „Casablanca" (1942). „Major Strasser has been shot. Round up the usual suspects!" („Verhaften Sie die üblichen Verdächtigen!"), befiehlt Claude Rains als Captain Louis Renault. Der ist Humphrey Bogart alias Ricky Blaine so sympathisch, dass er ihm am Filmende gesteht: „Louis, I think this is the beginning of a beautiful friendship." („Louis, ich glaube, dies ist der Beginn einer wunderbaren Freundschaft.") Zuvor prostet er aber Ingrid Bergman alias Ilsa Lund zu mit dem Toast: „Here's looking at you, kid.", was in einer übersetzerischen Sternstunde mit „Ich schau dir in die Augen, Kleines" eingedeutscht wurde. Übrigens sagt Ilsa: „Play it, Sam", nicht: „Play it again, Sam".

Wunderbar der Dialog der Auswanderer, die Englisch üben. Mr. Leuchtag fragt seine Frau: „Liebchen – sweetnessheart, what watch?" Sie antwortet: „Ten watch." Darauf er: „Such much?"

Ein anderer Klassiker entstammt dem Bogart-Film „To Have and Have Not" („Haben und Nichthaben", 1944). Lauren Bacall sagt zu ihm: „You know how to whistle, don't you, Steve? You just put your lips together and... blow."

Auch viele Texte aus „The Wizard of Oz"/"Das zauberhafte Land" (1939) gehören in den USA zur kulturellen Grundausstattung. So sagt Judy Garland alias Dorothy Gale zu ihrem Hund: „Toto, I've a feeling we're not in Kansas anymore." („Toto, ich habe das Gefühl, wir befinden uns nicht mehr in Kansas."). Einem Touristen aus Texas, der sich in Timbuktu verlaufen hat, könnte genau dieser Satz in den Sinn kommen. Zurück im Hotel, wird es ihm – analog zu Judy Garland – erleichtert entfahren: „There's no place like home." („Am schönsten ist es zu Hause.")

Einen festen Platz an der Wall Street hat dieses Zitat: „I'm going to make him an offer he can't refuse." („Ich mache ihm ein Angebot, das er nicht ablehnen kann."). Es stammt von Marlon Brando als Don Vito Corleone in „The Godfather"/"Der Pate" (1972). Sehr brauchbar zur Erklärung komplizierter wirtschaftlicher Zusammenhänge ist auch der Film „The Good, the Bad and the Ugly"/"Zwei glorreiche Halunken" (1966). In ihm doziert Clint Eastwood als Der Blonde: „You see, in this world there's two kinds of people, my friend: Those with loaded guns and those who dig. You dig." Die einen haben einen geladenen Revolver, die anderen buddeln. Im Kern steht ja in der „Financial Times" auch nichts anderes.

Einen ganzen Bauchladen von in die Geschichte eingegangenen Sprüchen hinterließ der kauzige W.C. Fields. „It ain't a fit night out for man or beast" gehört ebenso dazu wie „Close, but

no cigar". Aber auch „Beauty is skin deep, but ugly goes to the bone" sowie „Any man who hates dogs and loves whiskey can't be all bad."

Auf die TV-Serie „Rauchende Colts" („Gunsmoke") geht die Aufforderung „get the hell out of Dodge" zurück (gemeint ist Dodge City, Kansas), was so viel bedeutet wie „verpiß dich". Aus Stummfilmzeiten stammt die Texteinblendung „Meanwhile, back at the ranch ...". Hält jemand einen ausufernden Vortrag, können Sie ihn mit diesem Zitat lächelnd bitten, wieder auf das Kernthema zu kommen.

Ja, Kino und Fernsehen sind ein tolles Gesprächsthema. Aber es kann einen zur Verzweiflung treiben, dass der Gesprächspartner die Kultfernsehserie „With umbrella, charme and melon" nicht kennt. Nun ja, Emma Peel und John Steed waren „The Avengers". Auch bei „Suzi and Strolch" fällt der Groschen beim angelsächsischen Gegenüber nicht – bei „The Lady and the Tramp" schon. Nein, „Thick and Stupid" hat es im amerikanischen Kino nie gegeben, „Laurel and Hardy" allerdings waren Stummfilmstars.

Gar nicht weiter kommt man auch mit der wörtlichen Übersetzung mancher Filmklassiker. „Der unsichtbare Dritte" heißt im Original „North By Northwest", „Die Akte" ist unter „The Pelican Brief" bekannt und „Auf der Jagd nach dem grünen Diamanten" als „Romancing the Stone". Andererseits sagt den Deutschen „Sound of Music" vielleicht nichts, „Meine Lieder, meine Träume" (älteren Semestern) vielleicht schon. Und sollten Sie das deutsche Volkslied „Edelweiss" nicht kennen, grämen Sie sich nicht. Es wurde erst 1959 von Richard Rodgers für dieses Broadway/Hollywood-Alpen-Musical komponiert.

Wenn Sie Gollum/Sméagol aus „Der Herr der Ringe" mit dem geraunten „Mein Schatz" zitieren wollen, funktioniert das nicht mit „My treasure", sondern mit „My precious". Und als James Bond gehen Sie an der Bar nur durch, wenn Sie Ihren Martini Cocktail „shaken, not stirred" bestellen (geschüttelt, nicht gerührt). Q andererseits kommt ohne diese Sätze nicht aus: 1. „Ah,

007, we have some new equipment for you." Und 2. „Good luck out there in the field... and please return the equipment in one piece."

Fehlt nur noch Arnold Schwarzenegger als The Terminator 1991: „Hasta la vista, baby."

One, two, g'suffa

Zu den großen deutschen Exporterfolgen gehören in den USA nicht nur *German overengineering* **und Akademiker,** sondern auch ein Kräuterschnaps aus Wolfenbüttel. „Jägermeister" ist längst ein Szenedrink, besonders bei Studenten, und beliebter Bestandteil in vielen Mixgetränken – von der „Jäger Mary" bis zum „Jäger Tonic". Natürlich wird er immer eiskalt konsumiert. Dieser Erfolg schlägt wahrscheinlich noch den eines als Weißwein bezeichneten Tropfens aus Mainz, der international als „Blue Nun" gehandelt und in Übersee als Spitzengewächs rheinischer Önologie betrachtet wird. Ältere Leser erinnern sich in diesem Zusammenhang an intensive Erlebnisse nach dem Genuss von „Liebfrauenmilch".

Ich weiß nicht, ob Friedrich Schiller diese Getränke visionär bewertete, als er dichtete „Hier wendet sich der Gast mit Grausen". Bestimmt jedoch ist der deutsche Amerika-Besucher aufgefordert, Fassung zu bewahren, wenn ihm liebenswürdig derartige Naturalien aus der Heimat kredenzt werden. Das gilt umso mehr in einer Jahreszeit, da vielerorts bajuwarische Fröhlichkeit zelebriert wird. Zum Beispiel in Cincinnati, Ohio – amerikanische Partnerstadt von München. 1994 gelangte das „Zinzinnati Oktoberfest" sogar ins Guinness Buch der Rekorde, als 48.000 Personen begeistert den Ententanz tanzten. Hier gibt es „Deutsch-style fun", zum Beispiel ein *Beer Stein Race* und ein *Running of the Wieners Race*, also Wettläufe mit Bierseideln in der Hand und mit Kombattanten in Würstchenkostümen. Mit dabei ist auch mal Bart Simpson, den AOL Travel News den „famous German-American" nannte. Berliner auswärtige Kulturpolitik, so es die gäbe, stände vor einer nicht geringen Herausforderung.

Tulsa, Oklahoma zelebriert das „Best German Fest in the West", und beim Oktoberfest in St. Louis, Missouri – Heimat von Anheuser-Busch („Bud") – gibt es einen Schönheitswettbewerb für Fräuleins im Dirndl. Hagerstown, Maryland nimmt es mit dem Termin nicht so genau und feiert ein „Augustoberfest". Und nicht nur in München steht ein Hofbräuhaus, sondern auch in Las Vegas.

Gespielt wird zu derlei Anlässen natürlich Blasmusik, besser als *oompah music* bekannt. Zum Essen gibt's *Bavarian Style Hamburger* (Fleischpflanzerl), *Bavarian Grilled Sausage Loaf* (Leberkäs) oder eine *Bavarian Cheese Specialty* (Obazter). *Sausage dog* ist aber keine Variante des *hot dog*, sondern eine zoologisch eher unscharfe Bezeichnung für das heimliche bayerische Wappentier, den Dackel. Schweinshaxn und Eisbein werden als *Knuckle of Pork*, *Crispy Pork Shanks* oder manchmal auch als *Cincinnati Oysters* bezeichnet. Doch Obacht: *Rocky Mountain Oysters* sind gebratene Hoden.

Auch Bretzeln dürfen nicht fehlen, auf Bayrisch *Brezn*, auf Englisch *pretzel*. Hier reklamiert Amerika nebenbei gesagt Kompetenz, hat dieses Laugengebäck ein gewisser Julius Sturgis immerhin schon erstmals im Jahre 1861 in einer Bäckerei in Lititz, Pennsylvania zubereitet. In Philadelphia lädt das Pretzel Museum zum Besuch ein.

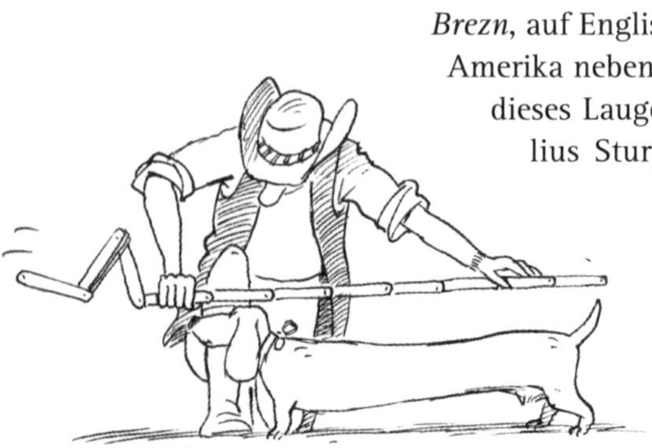

Hinter dem Begriff *Arkansas Chicken* verbirgt sich Kasslerfleisch, während *Cape Cod Turkey* in Wirklichkeit gebackener Kabeljau ist. Wer *August ham* bestellt, bekommt Wassermelone. Nicht jedermanns Sache ist *Texas Turkey*, Gürteltier. Es gibt auch den Ort Turkey, Texas, der kürzlich in die Schlagzeilen geriet, als die militante Tierschutzorganisation PETA die Stadt aufforderte, sich anlässlich von Thanksgiving in „Tofurky" umzubenennen. Aber mit Tofu komme ich vom Thema ab.

Der Beiname von Wisconsin ist „America's Dairyland", also etwa die „Molkerei der USA". Das ist in diesem Weideland nachvollziehbar, lenkt aber von der Tatsache ab, dass die größte Stadt dieses Bundesstaates, Milwaukee, als „Bierhauptstadt Amerikas" gilt. Hier sind die Großbrauereien Pabst, Schlitz, Stroh und Miller zuhause. Miller ist um drei Ecken Miteigentümer der Münchner Traditionsmarken Paulaner und Hacker-Pschorr, was sie oktoberfestberechtigt. Als *Milwaukee goiter* wird übrigens ein Bierbauch bezeichnet.

Was Deutschland angeht, ist Amerika gespalten. Ein Prozent (wohnhaft mehrheitlich in New York und Washington) mahnt uns, Griechenland zu retten. Der Rest hat sowieso nie verstanden, warum sich die Germans ohne Not von ihrer Mark verabschiedet haben.

Keep your eyes on the ball

Nicht nur Philosophen, sondern auch Sportkommentatoren helfen uns, die Welt zu verstehen. Als Klassiker in Deutschland gelten ja zum Beispiel „Es steht 1:1, genauso gut könnte es umgekehrt stehen" (Heribert Faßbender) oder „Je länger das Spiel dauert, desto weniger Zeit bleibt" (Marcel Reif). Rudi Völler wird die Aussage zugeschrieben: „Wir stehen zu 50 Prozent im Viertelfinale, aber das ist noch nicht die halbe Miete." Auch Franz Beckenbauer ist längst in der Hall of Fame deutscher Erkenntnistheoretiker aufgenommen mit Postulaten wie „Es gibt nur eine Möglichkeit: Sieg, Unentschieden oder Niederlage!" oder „Der Grund war nicht die Ursache, sondern der Auslöser."

Zwar gilt Germany als die Hochburg der Dichter und Denker, doch auch die USA müssen als Hort der Weisheit gewürdigt werden. Ehre gebührt vor allem dem Baseball-Superstar Lawrence „Yogi" Berra. Was Bundestrainer Sepp Herberger mit „Der Ball ist rund und ein Spiel dauert 90 Minuten" gesagt hat, fasste Yogi in die Worte „The opera ain't over till the fat lady sings". Zu seinem ihm zugeschriebenen Vermächtnis gehört auch der Rat „Always go to other people's funerals – otherwise, they won't come to yours."

Ebenso diese Bemerkungen des New York Yankee-Spielers bestechen durch ihre Logik: „That restaurant is so crowded that nobody goes there anymore", „It gets late earlier this time of the year" und „If I hadn't woke up, I'd still be asleep". Nicht unerwähnt bleiben darf natürlich „You can observe a lot just by watching", das Lothar Matthäus übersetzt hat als „Ich hab gleich gemerkt, das ist ein Druckschmerz, wenn man drauf drückt."

Als andere Koryphäe gilt übrigens der Filmmogul Samuel Goldwyn (von MGM), dem solche Erkenntnisse zugeschrieben werden wie „Mündliche Verträge sind das Papier nicht wert, auf dem sie geschrieben werden" oder das knappe „include me out". In dieser Tradition profiliert sich Oliver Kahn, wenn er feststellt: „Die Karten sind neu gewürfelt!"

Die USA sind zwar bekanntlich äußerst sportbegeistert, doch Fußball gehört nicht zu den populären Disziplinen. Das öffentliche Interesse konzentriert sich auf Basketball (mit der entsprechenden Hall of Fame in Springfield, Massachusetts), Football

(Hall of Fame in Canton, Ohio) und natürlich „the national pastime" Baseball (Hall of Fame in Cooperstown, New York). Zunehmend Freunde findet *Fantasy Football* (FF), das mit Phantasiemannschaften im Internet gespielt wird.

Kicker sind no-names – wenn Sie zum Beispiel „Kaiser Franz" übersetzen wollen, klappt das am besten mit dem Vergleich „he is like your Babe Ruth" (eine Baseball-Legende). Ist Ihnen Fußball egal, halten Sie's mit Mehmet Scholl: „Ich fliege irgendwo in den Süden – vielleicht nach Kanada oder so."

Sportlich gesehen

Stellen Sie sich vor, Sie arbeiten in einer Werbeagentur und wollen Ihr Team von einer neuen Idee überzeugen. Es geht um die Gewinnung eines neuen Kunden, um den *Pitch* für einen fetten Etat. Dazu treffen Sie sich in einem *Kick-off Meeting*. Sie setzen alles daran, einen *Strike* zu erzielen. Soweit alles klar? Bestimmt, auf Deutsch gesagt ist die Rede von der Auftaktveranstaltung für eine erfolgreiche Bewerbung. Das klingt sachlich, aber schlaff. Schon verständlich, dass es Mode ist, die Sprache aufzumotzen. Und was eignete sich als Würze besser dazu als Lehnwörter aus dem Sport?

Als *pitch* bezeichnet man beim Golf einen Schlag, der den Ball in hohem Bogen in die Nähe des Loches befördern soll. Der *kick-off* ist der Anstoß im American Football und somit der Spielbeginn. Und wer beim Bowling mit dem ersten Wurf alle zehn Pins umwirft, erhält für diesen *strike* die Höchstpunktzahl.

Auch ohne genaue Kenntnis der Spielregeln dieser Sportarten kann man den Sinn erahnen. Doch was sollte ein Amerikaner anfangen mit Vokabeln wie Blutgrätsche, Schwalbe oder Abseitsfalle? Solche Fertigbausteine gibt es natürlich auch in der amerikanischen Alltagssprache – und die meisten Ausländer verstehen Bahnhof.

Nehmen wir Baseball als erstes Beispiel. Als *home run* wird ein beeindruckender Erfolg bezeichnet. Der Sieg kann auch durch *manufacturing runs* entstehen, durch pure Fleißarbeit. *To play hard ball* bedeutet so viel wie „rücksichtsloses Vorgehen", „Schluss mit lustig", jetzt wird gekämpft. Das geschieht sowieso in der *Major League*, wo die großen Jungs spielen. Sind Sie *on base*, so ist Ihre Position unangreifbar – im Gegensatz zu *to be caught off base*, „auf dem falschen Fuss erwischt werden".

Hätten Sie gedacht, dass der Ausdruck *ducks on the pond* nicht der Zoologie entstammt, sondern auch dem Baseball? Gemeint ist eine optimale Aufstellung der Spieler. Wähnen Sie den Triumph in der Tasche, können Sie auch einen *mop up* einsetzen, einen Spieler von der Ersatzbank.

Was im Deutschen mit „pi mal Daumen" bezeichnet wird, ist in Amerika eine *ballpark figure. Way out in left field* kann mit „mutterseelenallein" übersetzt werden, *to keep one's eye on the ball* mit „Holzauge, sei wachsam!" *Pickle* können Sie im Supermarkt kaufen, wenn Sie Gewürzgurken mögen. Beim Baseball beschreibt das Wort die Situation des Odysseus zwischen Skylla und Charybdis.

Can of corn bedeutet wörtlich Maiskonserve, bezeichnet aber auch einen geschlagenen Ball, der leicht zu fangen ist. *Piece of cake*, könnte man auch sagen, Kinderspiel. Ein Ball hingegen, der höher als weiter fliegt, ist ein *pop fly*. Aus dem Fußball kennt man entsprechend die Kerze. Ein *airball* ist rundum verunglückt – vorbeigesemmelt, so to speak. Doch was ist ein *curveball*? Den wirft der Pitcher so, dass der Batter von der Flugbahn überrascht wird und mit seinem Schlagholz danebenhaut. Das schöne Fußballwort Bananenflanke hat ebenso etwas mit Ballistik zu tun, beschreibt aber ein artistisch ausgeführtes Zuspiel.

Der Welt des Basketballs entstammt der *slam dunk* – ein Korberfolg, bei dem der Spieler den Ball nicht wirft, sondern souverän in den Korb eintunkt. Ein *brick* hingegen ist ein mit großer Wucht geworfener Ball, der aber leider nur mit Getöse den Korbrand trifft. Das kann man auch in Politik und Wirtschaft erleben. Soll der Ball nach einer Unterbrechung neutral ins Spiel zurückgebracht werden, wird beim Basketball ein *jump ball* gegeben, ein Schiedsrichterball.

Im American Football ist der *Quarterback* der wichtigste Spieler im Team – das wird auch im übertragenen Sinne häufig verwendet. Ihn zu Fall zu bringen, *to tackle*, ist das Ziel der Verteidiger – auch Alltag im *Corporate America. To take the ball and run with it* ist selbsterklärend.

Die *red zone* beschreibt beim Football das, was bei der Leichtathletik die Zielgerade ist. Genau genommen die letzten 20 Yards vor der *goal line*. Gelingt es, die Abwehr zu knacken, gibt es einen *touch down*, der mit Punkten belohnt wird. *Red zone selling* im übertragenen Sinn ist die heiße Phase vor einem Vertragsabschluss. *To call an audible* bezeichnet eine in letzter Sekunde vorgenommene taktische Aufstellungsänderung – beim Football vom Quarterback veranlasst. *To carry the ball* ist auch ein Synonym dafür, die Verantwortung für etwas zu tragen. In verzweifelten Situationen hilft nur ein Befreiungsschlag. Dann spielen Sie einen langen *Hail Mary pass* in der Hoffnung, dass der Himmel zur Hilfe kommt.

Wichtig ist, dass Sie nicht *black-flagged* werden und aus dem Rennen ausscheiden müssen. Im Gegenteil, vielleicht werden Sie zum MVP gewählt, zum *Most Valuable Player*. Beherzigen Sie die Erkenntnis von Yogi Berra, dem berühmten Spieler der New York Yankees: „Ninety percent of the game is half mental."

Buy two, get one free

„Money makes the world go round", singen Liza Minnelli und Joel Grey im Musical „Cabaret" – ja, Geld regiert die Welt. Diese Erkenntnis hämmerte auch Bill Clinton den Wählern in seiner Kampagne gegen George Bush 1992 ein. Die Kurzfassung seiner Botschaft wurde zum geflügelten Wort: „It's the economy, stupid!"

Werbung für bare Münze zu nehmen, wäre blauäugig – Reklame dient natürlich nicht der Aufklärung, sondern der Umsatzsteigerung. Besonders eindrucksvoll ist die Lyrik in Tourismusanzeigen. Beispiele gefällig?

Bei den Beschreibungen *dramatic surroundings* oder *land of contrasts* sollte man auf einen Fluß mit Hochwassergefahr in der Nähe gefaßt sein. Wenn auf ein *natural setting* verwiesen wird, könnte man sich inmitten von viel Unkraut wiederfinden. *Exciting environs* klingt aufregend, aber blüht hier die Kriminalität? Ist die Angabe *in heart of Old City* ein verdeckter Hinweis auf die Nähe von Slums?

Historic und *authentic* wären passende Umschreibungen für „heruntergekommen" oder „vor 1990". *Old World charm, aristocratic, rustic, traditional* oder *cozy and friendly* könnten darauf hindeuten, dass für Renovierungen immer das Geld gefehlt hat. *It evokes another era* oder *blend of the old and the new* klingt toll, mag aber die Umschreibung für „Etagenbad" sein. *Exercise facili-*

ties sind möglicherweise Treppen, wenn ein Fahrstuhl fehlt. Was ist *family style* – Addams Family oder The Simpsons? Unter *professional* könnte gemeint sein, dass der Wirt kein T-Shirt, sondern ein langärmeliges Hemd trägt, unter *hospitable*, dass der Hausherr anwesend ist.

Amenities weisen unter Umständen auf eine Plastikduschhaube hin, und *open bar* („Freibier") ist die Zusicherung von wenig Hochprozentigem, dafür um so mehr Eiswürfeln. Gefordert wird hier und da eine *nominal charge/fee* – das kann alles sein, *the sky is the limit*. *Warmed by the Gulf Stream* deutet auf eiskaltes, *cooled by the Humboldt Current* auf pottheißes Klima hin. Wenn's *tropical* ist, regnet es.

Bei *leisurely transfer* könnte es sich um eine öde Busfahrt handeln. *Standard* heißt unter Standard, *deluxe* erreicht knapp Standard, und *superior* weckt Hoffnung auf Handtücher ohne Löcher. Im *Playground of the Stars* hat eine von Ronald Reagans geschiedenen Frauen mal 'ne Cola getrunken. *Vibrant nightlife* – die Tochter des Wirts spielt Akkordeon.

Ein Wintersporthotel, das *just moments from the slopes* ist, befindet sich weit entfernt von den Pisten. Entsprechend liegt eine Herberge, die mit *steps from the beach* wirbt, zumindest einen strammen Fußmarsch entfernt. Lassen Sie sich den Unterschied zwischen *beachside* und *beachfront* genau erklären, er variiert örtlich; *beach-* oder *oceanfront (BF* oder *OF)* kann heißen, dass man das Wasser mit Hilfe eines guten Marinefernstechers noch sehen kann.

Ein *majestic setting* ist dort, wo sich Fuchs und Hase „Gute Nacht" sagen – Sie sind also auf eine Fahrgelegenheit angewiesen. Ein *motorcoach* ist ein Omnibus, und ein *deluxe motorcoach* hat mit etwas Glück saubere Fensterscheiben. *Unique* und *undiscovered* mag Sie davor warnen, dass Sie der einzige sind, der auf die Werbung hereinfallen wird, *off the beaten path/track* bedeutet wahrscheinlich, dass das Etablissement „out" ist, und *secluded hideaway*, *romantic* oder *idyllic*, dass Sie es nie und nimmer vor

Ferienende finden werden. *Relaxing* heißt todlangweilig, *comfortable* unkomfortabel.

Trickreich auch das unschuldige *run of the house*: Der Hinweis stellt klar, dass die „Gastgeber" die Einzelheiten Ihrer Unterbringung frei entscheiden. *All-inclusive* sollte man wörtlich übersetzt ernst nehmen können, doch genau hinsehen: Ein Sternchen könnte auf Kleingedrucktes hinweisen, in dem Einschränkungen erläutert werden.

Bei *no extra fees* (keine Zusatzberechnungen) darf man getrost davon ausgehen, dass Extras auch gar nicht angeboten werden. Was wiederum *and much, much more* oder *too numerous to mention* heißt. Werden doch Extras angeboten, heißt das *options galore* oder *explore on your own* – gegen Cash. Vielleicht gilt *buy two, get one free*. Enthält die Preisangabe für ein Hotelzimmer den Zusatz *double occupancy*, müssen Sie den Betrag verdoppeln, um auf den Endpreis zu kommen.

Richten Sie sich darauf ein, dass in *Ye Olde Shoppe* vorwiegend Made in China-Souvenirs verkauft werden. Was sind *surprising bargains*? Zehn Prozent Rabatt auf Möwenfutter? Bei *spacious quarters* dürfte es sich um spärliche Möblierung handeln. Werden Sie von *carefree natives* bedient, wäre schlechter Service nicht überraschend. *Authentic native dishes* sind wohl preiswerte, aber undefinierbare Gerichte, *exquisite cuisine* ist ein Tagesgericht ohne Alternative. Portionen sind stets *sumptuous* (üppig), Tischtücher stets *crisply starched* (frisch gestärkt). Der Service ist grundsätzlich mit *scrupulous care and attention to every detail.* Manchmal führt auch der Spruch *Chef on Premises* zu falschen Erwartungen – tatsächlich schaut der Hilfskoch der Pommesbude nebenan einigermaßen regelmäßig zur Qualitätskontrolle vorbei.

Diese Dichtkunst zur Definition von „Kreuzfahrten" ist allerdings eine Persiflage: *For the newly wed and nearly dead* (für Flitterwöchner und Greise).

Überzeugungsarbeit

Touristische Produkte haben es nicht leicht, einen USP *(unique selling point)* zu entwickeln, also ein Alleinstellungsmerkmal. Nehmen wir zum Beispiel Hotels. Viele hauen auf die Pauke wie Days Inns („The best value under the sun") oder Ramada („A very good place to be"). Andere versuchen es eher subtil wie Best Western („Across the street from the ordinary") oder Holiday Inns („The best surprise is no surprise").

Das ist hübsch, jedoch zu laut oder zu beliebig. Viel konkreter hingegen der Slogan des Whitelaw Hotel in Miami Beach, Florida: „Clean sheets, hot water, stiff drinks". Das sind Versprechungen, die man einfordern kann. Auch das Marriott Santa Clara, California geht auf reale Bedürfnisse ein: „We clean under the bed too". Hier werden Prioritäten gesetzt!

Ratlos macht den Gast die offene Frage von Sheraton: „Who's taking care of you?" Ja, wer denn? Oder Wendy's Old Fashioned Hamburgers „Where's the beef?" Ja, wo denn? Und aus Großmutters mahnendem Mund stammt Westins „Choose your travel partner wisely". Ja, Oma, versprochen.

Werbung, die herumdruckst, überzeugt nicht. Ein bißchen Selbstbewusstsein darf schon anklingen wie bei den Blue Bell Creameries, die ihr Speiseeis so verkaufen: „We eat all we can and sell the rest". Auch IHOP (International House of Pancakes) bringt auf den Punkt, worauf es ankommt: „Come hungry. Leave happy." Nicht kleckern, wenn geklotzt werden kann: „Why get a room when you can get a Radisson?"

Hier einige pfiffige Slogans von Spielcasinos. „We bet you'll love it" (Grand Victoria Casino & Resort by Hyatt, Indiana),

„Where even the view is a winner" (The Mill Casino & Hotel, Oregon) oder das hintersinnige „Your table is ready" (Niagara Falls Casino, New York).

Als interessant erweist sich ein Blick auf die Slogans der US-Bundesstaaten. Nach der Erkenntnis „maybe we don't have tradition, but we have heritage instead" spielen mehrere von ihnen auf die Geschichte an. So wirbt Virginia mit „Birthplace of a nation" und Pennsylvania mit „America starts here" – Jamestown in Virginia war 1603 die erste dauerhafte Siedlung der Engländer in Amerika, und in Philadelphia entstanden die Unanhängigkeitserklärung und die Verfassung. Mit „It's good being first" läßt Delaware anklingen, als erste Exkolonie die Verfassung ratifiziert zu haben.

Die Beschwerde „Taxation without Representation" findet sich auf Nummernschildern von Autos, die im District of Columbia zugelassen sind. Dessen Bürger, die Einwohner der Hauptstadt Washington, müssen zwar Steuern zahlen, verfügen aber über keine stimmberechtigten Vertreter im Kongress. Das widerspricht bis heute der Kernforderung im amerikanischen Unabhängigkeitskrieg: „No taxation without representation".

Um den Titel „Wiege der Luftfahrt" buhlen sowohl North Carolina („First in Flight") als auch Ohio („Birthplace of Aviation") – in Dayton, Ohio bauten die Brüder Wright ihr erstes Flugzeug, in Kitty Hawk, North Carolina gelang ihr erster Flug. Die USPs von Idaho und Texas hingegen sind bisher konkurrenzlos: „Famous Potatoes" beziehungsweise „Everything is bigger in Texas". Kansas, Schauplatz des Kinderbuches „The Wonderful Wizard of Oz", beweist Selbstironie mit dem Slogan „Land of Ahhs", gesprochen „Land of Oz".

Einige Anbieter haben es geschafft, dass ihre Slogans im allgemeinen Sprachschatz aufgenommen wurden, etwa die American Express-Karte mit „Don't leave home without it" oder der Autovermieter Avis mit „We try harder". Doch der Klassiker schlechthin, das seit 1977 verwendete „I ♥ NY", veranlasste sogar eine kleine Revolution im Standardnachschlagewerk der englischen Sprache. Das Oxford English Dictionary (OED) nahm mit dem Herzen erstmals ein Symbol als Eintrag auf. Es gilt als grafisches Synonym des Verbs „lieben".

Wer hat's erfunden?

Auf Ihrer nächsten Amerika-Reise fliegen Sie vielleicht mit einer Boeing, benutzen einen Ford-Mietwagen von Hertz, wohnen in einem Hilton-Hotel, essen Hamburger bei MacDonald's und kaufen bei Macey's Ihre neuen Levi's Jeans. Vielleicht sind Sie in Washington, D.C. oder Lincoln, Nebraska, vielleicht besuchen Sie den Hoover-Damm oder das Kennedy Space Center. Was Sie auch tun – auf Schritt und Tritt begegnen Sie den Namen von Erfindern, Fabrikanten, Firmengründern und anderen Prominenten – auch dem der Lehman Brothers...

Manchmal verstecken sich die Persönlichkeiten und sind kaum mehr zu erkennen. Zum Beispiel bei der ominösen *loganberry*, die für Säfte, Konfitüren und Kuchen verwendet wird. Diese Beere entstand als Kreuzung zwischen *raspberry* (Himbeere) und *blackberry* (Brombeere), eine Schöpfung von James Harvey Logan, der von 1841 bis 1928 lebte und sein Geld als Richter in Santa Cruz, California verdiente. Ein großer Erfolg war die neue Frucht nicht, bis sich der Pflanzenzüchter Charles Rudolph Boysen mit ihr beschäftigte. 1923 kreuzte er in Napa, California die Loganbeere mit einer Brombeerart und es erwuchs die *boysenberry*.

Kommerzielle Anerkennung ward diesem Hybrid jedoch auch nicht zuteil, bis der Obstbauer Walter Knott im Orange County bei Los Angeles eine erfolgreiche Zucht begann. Er verkaufte seine Boysenbeeren zunächst am Straßenrand, dann in einem Restaurant und baute zur Promotion eine kleine Geisterstadt auf seinem Gehöft. Knott's Berry Farm entwickelte sich zum populären Freizeitpark und zählt heute zu den 20 meistbesuchten Vergnügungsparks Nordamerikas. Was zeigt, dass *berries* keine *peanuts* sind.

Hauptattraktion der modernen *theme parks* sind sicherlich waghalsige *roller coaster*, Achterbahnen. Die erste wurde als „Switchback Railway" 1884 im New Yorker Vergnügungspark Coney Island eröffnet. Der Name ihres Erfinders, LaMarcus Adna Thompson, geriet in Vergessenheit. Einige Jahre später baute ein anderer amerikanischer Ingenieur anläßlich der Weltausstellung in Chicago 1893 eine weitere neue Attraktion, ein Riesenrad. Diese Konstruktionsart wird im Englischen bis heute nach ihm benannt, das *Ferris Wheel* – nach George Washington Gale Ferris, Jr.

Möglicherweise waren Sie schon einmal auf einer Tupperparty und haben dort praktische Haushaltsprodukte aus Kunststoff gekauft. Die Tupperware-Utensilien sind eine Erfindung des Amerikaners Earl Silas Tupper (1907-1983), einem Pionier der Direktvermarktung. Er ließ 1949 auch einen Deckel patentieren, mit dem man eine Plastikdose luft- und wasserdicht verschließen kann – heute aus keiner Küche mehr wegzudenken. Ein anderer legendärer Werbepionier war William Wrigley Jr. (1861-1932). Der Seifenhersteller kam auf die Idee, jeder seiner Seifenpackungen eine Tüte Backpulver beizulegen. Als das den Umsatz beflügelte, stieg er ins Backpulvergeschäft ein und legte jeder Tüte einen Kaugummi bei. Der Rest ist Geschichte. Wrigley Field, das Baseball-Stadion im Norden von Chicago, trägt seinen Namen.

Der derzeit berühmteste deutsche Basketball-Spieler ist zweifellos der Würzburger Dirk Nowitzki. Als Forward ist er einer der Stars der Dallas Mavericks und gewann mit ihnen 2011 ihre erste

Meisterschaft der Profiliga NBA. Doch woher kommt der Name Maverick? Im englischen Sprachgebrauch ist das eine Person, die Unabhängigkeit in Denken und Handeln zeigt. Genau wie Samuel Augustus Maverick (1803-1870), ein texanischer Anwalt, Politiker und Großgrundbesitzer. Im Gegensatz zu anderen Ranchern brandmarkte er seine Rinder nicht. Kälber ohne Brandzeichen – sowie Non-Konformisten und Rebellen – werden seither „Mavericks" genannt.

Die Ausstattung der Schauspieler der Fernsehserie „Dallas" wäre nicht komplett gewesen ohne Cowboy-Hüte. Und die einzig richtige Kopfbedeckung von J.R. & Co. musste natürlich ein Stetson sein. Den hatten schon Buffalo Bill und die Texas Rangers getragen. Heute werden diese Hüte in Garland, Texas hergestellt, doch seine erste Hutfabrik hatte John B. Stetson 1865 in Phila-

delphia, Pennsylvania eröffnet. Auch Präsident Theodore „Teddy" Roosevelt trug natürlich einen Stetson – er selbst war Namensgeber für flauschige Teddybären.

Bleibt zu klären, was es mit der Beere auf sich hat, die Generationen von deutschen Besuchern in amerikanischen Supermärkten zu endlosen Ratereien verleitet hat, der *cranberry*. Dieser unverzichtbare Bestandteil des Thanksgiving-Menüs heißt auf Deutsch Großfrüchtige Moosbeere oder Kranbeere, gehört zur Gattung der Heidelbeeren und wächst seit eh und je auf Heideflächen.

Kennen Sie Betty, Elmer und Lionel?

Was fällt Ihnen zu den Wörtern Skippy, Morton und Jolly Green Giant ein? Nichts? Ein Amerikaner denkt sofort an Erdnussbutter, Salz und Tiefkühlgemüse. Die langjährige Präsenz der Marken und die tägliche Begegnung mit ihnen im Werbefernsehen und Supermarkt haben gewirkt. Nicht immer. Aber immer öfter.

In manchen Fällen wurde die Marke zum Gattungsbegriff, zum Beispiel Colt, Pingpong oder Thermoskanne. Zipper war ursprünglich nur der Markenname für Gummistiefel mit praktischem Schließmechanismus, angeboten von der B.F. Goodrich Company. Wen wir pfleglich behandeln, den *pampern* wir, und wer eine Pixelgrafik digital bearbeitet, der *photoshoppt*.

Wer in Amerika ein Papiertaschentuch benötigt, fragt nicht nach einem Tempo, sondern einem Kleenex. Während in der deutschen Hausapotheke kein Hansaplast fehlt, schwören die Amerikaner auf Band Aid (was die berühmten Benefizkonzerte gleichen Namens zum Wortspiel inspirierte). Zu den bewährten Hausmitteln gehört immer noch Epsom salt, also Bittersalz. Und Preparation H ist als Hämorrhoidensalbe geradezu legendär.

Der US-Tausendsassa unter den Haushalts- und Büroklebern heißt weder Uhu noch Pritt, sondern Elmer's Glue, und wenn es sich um einen Klarsichtklebefilm handelt, wird es sich zwischen New York und Los Angeles wahrscheinlich nicht um tesa, sondern um Scotch tape handeln. Kommen Spielzeugeisenbahnen hierzulande von Märklin, so dampfen in amerikanischen Kinderzimmern – wenn überhaupt – Modellzüge von Lionel im Kreis herum.

Unsicherheiten bei der amerikanischen Rechtschreibung beseitigt natürlich nicht der Duden. Nachgeschlagen wird vielmehr im Webster's. Und wer sich in Deutschland in Sachen Kochen und Backen vertrauensvoll an Dr. Oetker wendet, wird in Amerika durch Betty Crocker bedient. Suchen Sie in Amerika Smarties, werden Sie sie als M&Ms finden. Bunte Drops in der Form eines Rettungsrings heißen Life Savers. Jelly Beans wiederum waren die süße Schwäche von Ronald Reagan, der stets einen Vorrat dieser Geleebohnen im Oval Office sowie in der Air Force One griffbereit hatte.

Und warum heißt Damenunterwäsche „golden eagles" und Herrenunterwäsche „B.V.D.s"? Die erste Bezeichnung geht auf die Pionierzeit zurück, als man sparsam war und manches Höschen und Hemdchen aus Leinensäcken schneiderte, in denen Mehl der Marke Golden Eagle abgepackt wurde. B.V.D. ist die Abkürzung des Wirkwarenherstellers Bradley, Voorhees and Day.

Das alles sind Marken, also *brand names*. Woher dieser Begriff kommt, darüber gibt es zwei Versionen. Der Whisky-Handel wird als einer der Ursprünge angesehen. Eine Seite der Schnapsfässer, der *government head*, trug Zoll- und Steuervermerke, in die andere *(commercial end)* brannte die Destillerie (Englisch *distillery)* ihr Zeichen, ihren *brand name*. Falsch, behaupten Kritiker. Das Wort kommt vom Brandzeichen, mit dem das Vieh gekennzeichnet wird. Vielleicht sind beide Erklärungen richtig.

Markenprodukte in großer Auswahl gibt es natürlich in Cash&Carry-Märkten. Wussten Sie aber, dass dieser Begriff ursprünglich überhaupt nichts mit dem Einzelhandel zu tun hatte? Cash-and-carry entstammt dem US-Neutralitätsgesetz von 1937. Danach war es kriegsführenden Staaten gestattet, alle Waren mit Ausnahme „tödlicher Waffen" in den USA zu kaufen, wenn diese vor dem Verlassen amerikanischer Häfen durch Barzahlung (cash) in das Eigentum der Ausländer übergegangen waren und von ihnen auf eigenen Schiffen abtransportiert (carry) wurden.

Unter der Marke Spam wurde 1937 in Texas „spiced ham" geschützt. Wie es kam, dass der Name dieses Dosenfleischs heute für lästige Serien-E-Mails benutzt wird, ist eine Geschichte für ein anderes Buch.

Bachelor breakfast

Sollten Sie Ihren englischen Wortschatz seit der Schule nicht aufgefrischt haben, wird es höchste Zeit, sonst sind Sie *out of tune.* Um *up to date* zu bleiben, können Sie entsprechende Angebote im Internet nutzen, zum Beispiel www.urbandictionary.com. Hier werden neue Vokabeln und Abkürzungen präsentiert und auch von Nutzern bewertet. Kleine Auswahl gefällig?

Die Finanzkrise, die in den USA begann und sich weltweit verbreitete, hat nicht nur Anleger geschädigt, sondern auch die Sprache bereichert. Mit dem unschuldigen Wort *subprime* bezogen sich früher nur Banker diskret auf faule Kredite. Jetzt wird der Begriff für alles benutzt, was als unterdurchschnittlich angesehen wird. Beispiel: „This restaurant is subprime, let's get out of here!" Und im Trümmerfeld der Überschuldung und Desillusionierung sprechen Zyniker nicht mehr von einem Kreditantrag, sondern von einer *application for debt.* Vertippen sich Börsenhändler mit dicken Fingern beim hektischen Computerhandel, wird der Fehler als *fat finger trade* bezeichnet.

Die steigenden Benzinpreise verwandeln das Gaspedal in ein *cash pedal*, und Fahrer von SUVs (Sport Utility Vehicles) sind nicht *assholes*, sondern *gasholes*. Auch das Einschalten der Klimaanlage überlegt man sich zweimal, billiger zur Abkühlung ist „WD55", Windows Down 55 miles an hour. Das Schild „Geschwindigkeitsbegrenzung 55 miles per hour" wird übrigens auch als *double nickel* bezeichnet (1 nickel = 5 Cents).

Das Geld wird knapp, da macht man dann aus Sparsamkeit Ferien auf Balkonien, eine *staycation.* Zumal man das Gefühl hat, nur noch für das Finanzamt IRS zu arbeiten – so wird der Internal Revenue Service zum „Income Removal System". Mitarbeiter des IRS, des FBI, des CIA oder anderer Staatsorgane sind *alphabet boys.*

Die Bemühungen, den American Way of Life flächendeckend zu exportieren, werden mit dem Begriff *disneyfication* etikettiert. Für die Politmaschine von Bill und Hillary Clinton ersann jemand das Kunstwort *Billary*, für das Promipaar Brad Pitt und Angelina Jolie *Brangelina.*

Das kennen wir auch in Deutschland, hat hierzulande jedoch keinen Namen: „Wo im Kühlschrank ist die Milch, Schatz?" – „Vor deiner Nase!" Klarer Fall von *refrigerator blindness*, die hauptsächlich Männer und Kinder befällt. Allgemeiner ausgedrückt, handelt es sich um ein *reality-distortion field.* Vielleicht leidet der Betroffene aber auch nur unter einem *attention spam.* Das hieß früher *lights on but nobody home.* Gefehlt hat auch ein Wort für das Einnehmen von Mahlzeiten im Stehen in der Küche: *bachelor breakfast* trifft die Sache ganz gut.

Fashionably late ist jemand, der zu einer Verabredung mit gerade so viel Verspätung kommt, dass sie den Wartenden nicht verstimmt, jedoch signalisiert, wie beruflich oder gesellschaftlich ausgelastet man doch ist. Mit einem attraktiven Partner gesehen zu werden, erhöht den SMV, den *sexual market value*. Bei einem Rendezvous *(date)* soll angeblich die direkte Frage „do you want to burn 400 calories?" zeitgemäß sein.

Bekommt man einen Geschäftstermin unter Vorbehalt, könnte die Auskunft lauten: „I'll pencil you in". Der Eintrag mit Bleistift – vielleicht für Mittwoch, dem *hump day* – ist vorläufig und kann leicht ausradiert werden. Übrigens: Keine leeren Versprechungen bei Geschäftsbeziehungen, denn die Maxime heißt „bring it, don't sing it".

Allerdings sollte man sicher sein, einen „Zuständigen" zu treffen, keinen *office ghost*. Das sind Angestellte, von denen kein Mitarbeiter weiß, was sie eigentlich im Büro tun. Sie überleben besonders in Unternehmen, deren Betriebsklima FUD-gekennzeichnet sind – *fear, uncertainty and doubt*, also durch Furcht, Unsicherheit und Zweifel.

Wer nach einer durchzechten Nacht unerklärliche kleine Verletzungen an sich entdeckt, wie Hautabschürfungen oder blaue Flecke, kann diese jetzt benennen: Sie sind ein UDI, *unidentified drinking injury*. Jemand, der sich kein Auto leisten kann und zu Fuß geht, ist ein *Chevrolegs*, und wenn er weiße iPod-Ohrhörer trägt, ein *Podestrian*.

Der letzte eines Wettbewerbs ist dfl, *dead fuckin last*. Aber vielleicht sagen Sie dk;dc *(don't know; don't care)* oder tl;dr *(too long; didn't read)*.

Hand aufs Herz

Der Präsenz fröhlichen oder ernsten Nationalbewusstseins entkommt der Amerikabesucher nicht. *Frequent visitors* aus Germany haben sich an das Pathos gewöhnt, fremdeln aber meistens doch im rot-weiß-blauen Farbenmeer. Und obwohl die patriotischen Rituale eine lange Tradition beschwören, sind viele Elemente recht neuen Datums.

Immerhin auf das Jahr 1782 geht das offizielle Staatssysmbol, der Weißkopf-Seeadler *(American bald eagle)*, zurück. Einer Anekdote zufolge plädierte Benjamin Franklin alternativ für den Truthahn. Der Gründervater setzte sich nicht durch, erhalten geblieben ist jedoch seine Erkenntnis „Wer die Freiheit aufgibt, um Sicherheit zu gewinnen, wird am Ende beides verlieren."

Etwas älter ist die Nationalflagge. Sie wurde 1777 von höchster Stelle in Auftrag gegeben, aber es dauerte hundert Jahre, bis sie erstmals auf sämtlichen öffentlichen Gebäuden gehisst wurde. Das Design der *Stars and Stripes* (die Anordnung der Sterne und die Proportionen) wurde aber erst 1912 näher festgelegt. Eine vorläufig letzte Anpassung der verbindlichen Vorgaben erfolgte 1959. Die Flagge der abtrünnigen Südstaaten heißt „Battle Flag of the Confederate States of America", inoffiziell *Stars and Bars*. Sie ist immer noch als Aufkleber auf vielen Stoßstangen und anderswo zu sehen.

Der *Flag Day* – dem Sternenbanner zu Ehren 1949 von Präsident Harry S. Truman ausgerufen – wird alljährlich am 14. Juni begangen und in Washington, D.C. als dreitägiges Festival gefeiert. Das National Museum of American History veranstaltet dann das *Flag Day Family Festival* mit Wettbewerbssingen. Die ganze Woche ist *National Flag Week*. Kurz darauf der *Independence Day (Fourth of July)* – erst seit 1938 offizieller Feiertag mit Lohnfortzahlung.

Ein Treuegelöbnis gegenüber der Nation und der Flagge der Vereinigten Staaten gibt es offiziell seit 1942. Der *Pledge of Allegiance* wird normalerweise gemeinsam und einstimmig bei öffentlichen Veranstaltungen geleistet und ist vor allem in öffentlichen Schulen oft Bestandteil des gemeinsamen Morgenritus. Weniger bekannt ist *The American's Creed*, der schon 1918 vom Parlament abgesegnet wurde und in dem es unter anderem heißt „I there fore believe it is my duty to my country to love it".

Besungen wird die Flagge seit 1814 mit einem Text aus der Feder des Juristen Francis Scott Key. Den Status der offiziellen Nationalhymne erlangte der Lobgesang jedoch erst 1931. Einen *National March* gibt es übrigens auch, *The Stars and Stripes Forever*, 1897 von John Philip Sousa komponiert. Einhunderteins Jahre später erhob der Kongress den Marsch in die Kategorie der Staatssymbole. In der deutschen Fernsehwerbung war das die Erkennungsmelodie des Reinigungsmittels Der General.

Dass Amerikaner beim Erklingen der Nationalhymne strammstehen, kennt man. Das passiert aber nicht aus reinem Zufall, sondern ist – *no kidding* – gesetzlich geregelt. Nachzulesen im umfangreichen United States Code, der Sammlung und Kodifikation des allgemeinen und permanenten Bundesrechts der Vereinigten Staaten. Hier ist auch das berühmte „Chapter 11" zum Insolvenzrecht zu finden, dem sich auch gern mal Fluggesellschaften anvertrauen. Aber Title 36, Section 301 regelt die erwartete Haltung beim Spielen der Nationalhymne – für Uniformierte und Nichtuniformierte, mit welcher Hand die Kopfbedeckung abzunehmen ist, dass die rechte Hand auf dem Herzen zu liegen hat, dass der Blick auf die Flagge zu richten ist und falls keine da ist, aufs Orchester oder eben die Lautsprecher. Ja, ja.

Als *Official Motto* gibt es die Aussage „In God We Trust" seit 1956. Auf amerikanischen Münzen ist es bereits seit 1864 zu finden. Als kaufmännischer Grundsatz gilt: „In God We Trust, All Others Pay Cash." Das lateinische „E pluribus unum" (aus vielen eines) besitzt nur den Anspruch eines inoffiziellen Wahlspruchs.

Das National Floral Emblem der USA ist die Rose (kein Zufall, dass es am Weißen Haus einen berühmten Rosengarten gibt). Das hat Präsident Ronald Reagan am 20. November 1986 so festgelegt, beziehungsweise, wie es in der Proklamation heißt, im 211. Jahr der amerikanischen Unabhängigkeit. Seit 2004 ist die Eiche der *National Tree.*

Zum weiteren Symbolinventar gehören The Statue of Liberty in New York und die Liberty Bell in Philadelphia. „The Liberty Bell" hat der König der Marschmusik, Sousa, natürlich auch vertont (es war später die Eröffnungsmusik für die englische Fernsehserie „Monty Python's Flying Circus"). Kann dieser Artikel mit etwas anderem enden als den letzten drei Buchstaben von Sousa?

False friends

Wenn man das politische Leben in den USA besser verstehen möchte, so ist es gut zu wissen, was gemeint ist. Wörtliche Übersetzungen führen manchmal zu Mißverständnissen.

Der Wahlkampf der Parteien ist mitnichten der *election fight*, sondern die *election campaign.* Auf den *party conventions*, den Parteitagen, entscheidet die Parteibasis über ihre Kandidaten. Das ist nicht die *basis*, sondern der *rank and file.* Demokraten und Republikaner sparen nicht mit zugkräftigen Parolen – das sind *slogans*, denn *parole* heißt „Bewährung" oder „Hafturlaub". Zu lesen sind die Losungen auf Transparenten – *banner*, nicht auf *transparents* (obwohl sie manchmal inhaltlich recht durchsichtig sind). Bei solchen Gelegenheiten wird auch gern die Nationalhymne gesungen, die *national anthem* – eine *hymn* ist ein Kirchenlied.

Die Freiwilligen im Wahlkampf sind *volunteers*. Barack Obama konnte besonders viele von ihnen mobilisieren, doch grundsätzlich ist es beste amerikanische Tradition, sich ehrenamtlich gesellschaftspolitisch zu engagieren. Eine relativ neue und nicht immer unumstrittene Organisationsform hierfür sind die PACs, die Political Action Committees. Hierunter versteht man Lobbygruppen, die sehr systematisch parteiisch auftreten und *fundraising* betreiben, also Spenden beschaffen. Gegnerische Kandidaten werden dann von ihnen auch *cat-callings* oder *catcalls* ausgesetzt, Pfeifkonzerten.

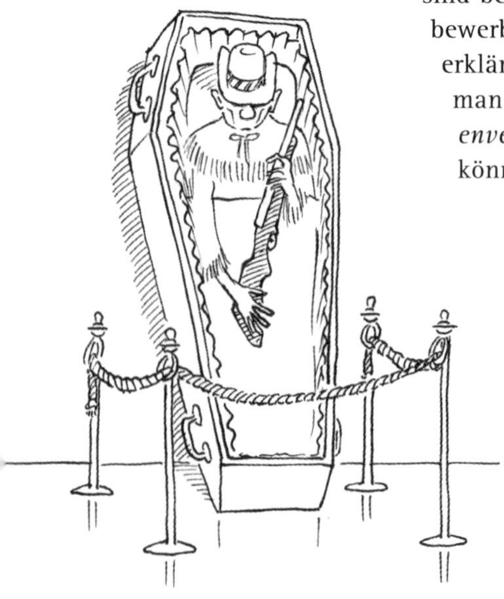

Patentrezepte *(patent remedies)* sind beliebte Versprechen von Amtsbewerbern, zum Beispiel die Steuererklärung auf dem Bierdeckel, was man annähernd mit *back-of-the-envelope calculation* übersetzen könnte. Tagtäglich wird etwas dementiert – *denied*, nicht *demented*, was mit „wahnsinnig" zu übersetzen wäre. Politische Karikaturen *(cartoons*, nicht *comics)* sind oft süffisant, *smug*, nicht *sufficient*, was „genug" oder „ausreichend" bedeutet. Eine *caricature* ist ein „Zerrbild".

Die Stunde der Wahrheit *(the moment of truth)* kommt am Wahltag. Dann werden die Stimmzettel *(ballots)* gezählt, die in den *ballot boxes* liegen, den Wahlurnen. Eine *urn* hingegen wird nur bei Bestattungen verwendet. In das Metier der *undertaker* (der „Bestatter", nicht „Unternehmer") führt auch die Verwendung einer in Deutschland populären Vokabel: *public viewing.* Das ist in Amerika die öffentliche Aufbahrung eines Verstorbenen. Und ein *bodybag* ist keine modische Umhängetasche, sondern ein Leichensack. Ein Rucksack heißt auf Englisch übrigens tatsächlich *rucksack* und nichts anderes. Knut hingegen war ein *polar bear* und kein icebear.

Wenn Sie von der Piratenpartei berichten, sagen Sie nicht, sie sei *newly grounded*, sondern *newly founded*, es sei denn Sie meinen, dass sie schon auf Grund gelaufen ist. Und ein skrupelloser Politiker ist in der englischen Sprache *unscrupulous (scrupulous* heißt im Gegenteil „gewissenhaft").

Auch in anderen Politik- und Gesellschaftsbereichen warten *false friends*, also Wörter und Wendungen, die auf Deutsch und Englisch ähnlich klingen und geschrieben werden, aber nicht das gleiche bedeuten. So muss man Tarifverhandlungen mit *pay negociations* übersetzen, nicht mit *tariff talks* – das sind Verhandlungen über Zollschranken. Ein Gerichtsprozess ist ein *court case* oder *trial*, nicht aber ein *process*, mit dem schlicht ein „Arbeitsablauf" oder „Verfahren" gemeint ist. Und ein Protokoll im Sinne von Mitschrift sind die *minutes*; *protocol* bezieht sich auf das diplomatische Parkett. Auch beim Wort „Kult" ist es ähnlich – *cult* bezeichnet im Englischen eine Aktivität mit eher kleiner Fangemeinde, nicht jedoch ein Novum im *mainstream.*

Der *handyman* handelt eher selten mit Mobiltelefonen, sondern ist einfach ein Handlanger. Bei einem *handyman special*, wie in Kleinanzeigen *(classified ads)* beworben, geht es um ein Angebot für Bastler.

Wenn Sie duschen wollen, sagen Sie „I will take a shower", nicht „I'm gonna take a douche", es sei denn, Sie wollen Ihre Intimreinigung ankündigen. Und ein Radiergummi ist kein *rubber* (das ist ein Kondom), sondern ein *eraser*.

Diese Zusammenstellung war exemplarisch. Wäre sie zudem *exemplary*, wäre sich auch „vorbildlich".

Wahlversprechen

Barack Obamas Wahlkampfslogan „Yes We Can" hat es zum stehenden Begriff gebracht. Das ist selten für politische Werbesprüche, denn sie geraten im turbulenten Tagesgeschäft meist schnell in Vergessenheit. Seine skandalfreie Kampagne 2007/2008 erhielt das Prädikat „No drama – Obama!"

Besonders tiefsinnig sind Slogans sowieso selten. Immerhin hatte der Laissez-faire-Republikaner William McKinley schon die Wahl 1896 mit einem Versprechen gewonnen: „It's McKinley we trust to keep our machines free of rust". Dass hohe Poesie jedoch kein Erfolgsgarant ist, musste 1844 ein Kandidat erfahren, der mit dem Heilsgelöbnis warb „A halo shines as bright as day around the head of Henry Clay". Er verlor gegen James K. Polk, der zwar keinen Heiligenschein aufweisen konnte, aber die Annexion von Texas und den Mexikanischen Krieg als „göttlichen Auftrag zur Expansion" deklarierte.

Eine Ausnahme war 1928 auch der Republikaner Herbert Hoover (Republican), dessen legendäres Versprechen lautete „A chicken in every pot, a car in every garage". Er gewann die Wahl. Aber ein halbes Jahr nach seinem Amtsantritt crashte die Börse, und der Weltwirtschaftskrise fielen zahlreiche Hühnchen und Autos zum Opfer. Im nächsten Wahlkampf beteuerte er „Prosperity is just around the corner", aber das glaubte ihm wohl niemand mehr. Jedenfalls siegte der demokratische Herausforderer Franklin Delano Roosevelt (FDR) mit der ernüchternden Feststellung „In Hoover we trusted, now we are busted". Martin Van Buren, Spitzname Old Kinderhook, buhlte 1840 mit „OK ist o.k." um seine Wiederwahl, aber das ging für ihn nicht okay.

Der *pun* (das Wortspiel) „Grant us another term" führte 1872 zu einer weiteren Amtszeit von Präsident Ulysses S. Grant. Bei John C. Frémont, dem Herausforderer Abraham Lincolns 1864, hatte es mit „Free speech. Free press. Frémont." nicht geklappt. Auch Thomas E. Dewey konnte 1944 mit dem linguistisch interessanten, aber letztlich etwas unentschlossen wirkenden „Dewey or don't we?" nicht recht überzeugen und verlor gegen FDR. Der soldatisch-knappe Slogan der Republikaner gegen Vizepräsident Hubert H. Humphrey, den demokratischen Kandidaten 1968, funktionierte hingegen blendend: „Dump the Hump". Gewählt wurde der Republikaner Richard Nixon, der bei seinem ersten Anlauf 1960 mit dem eigentlich zeitlos-schönen „My pick is Dick" noch kein Glück gehabt hatte. Er wurde 1972 sogar im Amt bestätigt, inspirierte die Opposition aber zu der in die Geschichtsbücher eingegangenen Frage „Would you buy a used car from this man?" Zwei Jahre später trat er wegen der Watergate-Affäre zurück.

Dwight D. Eisenhower, Oberbefehlshaber der Alliierten Streitkräfte in Europa während des Zweiten Weltkriegs, probierte es 1952 in seiner Kampagne gleich mit einer Reimkanonade: „Make the White House the Dwight House", „Peace and power with Eisenhower" und „The man of the hour is Eisenhower". Das haute hin. 1956 legte er mit dem ausgefeilten „The mighty tower – Eisenhower" nach und sicherte sich die Wiederwahl. Was beweist, dass der Wähler auch mal anspruchsvoll angesprochen werden möchte.

Als Katholik hatte der Kandidat der Demokraten, Alfred E. Smith, 1928 noch keine Chance. „God would not permit a Roman

Catholic to be president of the United States", wussten seine Gegner. Sie behielten Recht, es gewann Hoover – wie Nixon ein Quäker. Dreißig Jahre später hatten sich die Zeiten geändert. Der katholische John F. Kennedy und Jackie erstürmten das Weiße Haus mit „All the way with JFK." Sein Nachfolger Lyndon B. Johnson griff die clevere Idee 1964 auf, zumal er nicht neu reimen musste: „All the way with LBJ". Mit dem filigran-komplexen „LBJ for the USA" haben sich die sprachmächtigen Wahlkampfberater sogar noch gesteigert. Damit war sein Sieg nicht aufzuhalten. Jimmy Carter konnte seine Wiederwahl 1980 nur verspielen mit dem überfordernden „A solid man in a sensative job". Da wählten die Amerikaner dann doch lieber Ronald Reagan.

Als Harry S. Truman 1948 ankündigte „Truman fights for human rights", war ein schwarzer Präsident noch lange nicht in Sicht. Erstmal begann in seiner Ära die mit dem Namen Joseph McCarthy verbundene Jagd gegen tatsächliche und vermeintliche Kommunisten. Rechtsstehende Politiker hingegen fanden eher Sympathisanten. So fragte der „moderne Konservative" Barry Goldwater, ein McCarthy-Kumpel, unschuldig, aber mit Hintersinn „What's wrong with being right?" Sein Gegenkandidat, Präsident Lyndon B. Johnson, nannte nicht seinen Namen, als er das Wahlvolk darauf hinwies „In your guts you know he's nuts".

Auch musikalisch haben Wahlkämpfe manches zu bieten. Frank Sinatra unterstützte Kennedy 1960 mit dem Lied „High Hopes", in dem es hieß: „Everyone is voting for Jack 'cause he's got what all the rest lack. Everyone wants to back – Jack, Jack is on the right track." Hat geklappt. Ronald Reagan hingegen machte Wahlwerbung mit Melodien, die von Aaron Copland inspiriert waren. Der erzkonservative Politiker griff somit auf Musik eines schwulen Sozialisten zurück.

Auch George Corley Wallace, viermal zum Gouverneur von Alabama gewählt, war nicht unbedingt ein Linksradikaler. Seine Gegner texteten „If you liked Hitler, you'll love Wallace". Er versank dann in der Geschichte.

Saubere Wäsche

In politischen Cartoons tauchen immer wieder zwei Tiere auf: Elefant und Esel. Der Elefant ist die Symbolfigur für die Republikanische Partei, der Esel für die Demokratische. Während der Esel für die Eigenschaften Klugheit und Tapferkeit steht, symbolisiert der Elefant Stärke und Würde. Die Republikanische Partei verwendet zudem die Symbole Adler, Fackel und die Farbe Rot, während die Demokratische Partei auch mal Hahn, Stern und die Farbe Blau zu Hilfe nimmt.

Außerdem haben die Demokraten eine inoffizielle Hymne, nämlich „Happy Days Are Here Again", was in Deutschland als „Wochenend und Sonnenschein" bekannt ist. Die Republikaner demonstrieren mit einem Volkslied Stärke und Würde, dokumentiert bei youtube, „Sarah Palin Battle Hymn".

Schöpfer der Parteisymbole Elefant und Esel ist der in Landau in der Pfalz geborene Karikaturist Thomas Nast (1840-1902). Er gilt zudem als Erfinder der heute typischen Darstellungen des „Uncle Sam" und des „Santa Claus". Das ist gut zu wissen, denn mit dem Hinweis auf diese historisch-gemeinsamen Wurzeln kann der deutsche USA-Besucher im Smalltalk vielleicht das mitunter gängige *Europe-bashing* etwas neutralisieren und Sympathiepunkte sammeln.

Das „europäische Modell" funktioniere ja nicht einmal in Europa, warum also solle man es in Amerika einführen, hört man ja fast überall jenseits des Atlantiks. Konservative Redner warnen eindringlich davor, dass Amerika zu einem *welfare state* wie Europa verkommen könne. Wie soll man das freundlich kommentieren? Tatsachen machen ja bekanntlich jede schöne Geschichte kaputt *(facts spoil a good story)*, und wer will schon Spielverderber sein?

Man muss es hinnehmen, dass Europa traditionell als dekadent und wenig gottesfürchtig eingeschätzt wird. Da sieht man es in Amerika um so lieber, wenn der Quarterback des Footballteams der Denver Broncos, Tim Tebow, immer mal wieder während des Spiels spontan niederkniet und betet. Die Pose wurde Kult. Das ist die sportliche Parallele zur amerikanischen Finanzwirtschaft. Früher stand auf den Dollar-Scheinen „SILVER CERTIFICATE", heute „IN GOD WE TRUST".

Aber wer genau hinsieht, entdeckt auch hier und da ein Faible für *Old Europe*. Das ist oft ganz unspektakulär, wie zum Beispiel: Wäsche im Freien zum Trocknen aufzuhängen. Eigentlich geht das in Amerika gar nicht, Unterwäsche – *Oh my God!* – überhaupt nicht. Ältere Amerikanerinnen, die diesen Anblick ertragen müssen, fallen sofort in Ohnmacht.

Gerade in wohlhabenden *nonminority impacted* Wohngegenden (also wo hauptsächliche Weiße wohnen) oder in *gated communities* (geschlossenen Wohnanlagen) ist Wäschetrocknen im Freien ein Unding, wenn nicht gar gegen das Gesetz. Urlauber, die es auf Campingplätzen trotzdem tun, werden schnell darauf hingewiesen, wo die elektrischen Wäschetrockner stehen. Höflich, wie die Amerikaner nun einmal sind, werden sie, um den Fremden nicht in Verlegenheit zu bringen, also um *embarressment* zu vermeiden, verständnisvoll hinzufügen, als neuer Gast sei man wohl in einer verzweifelten Notlage gewesen, habe man doch einfach sicher nicht gewusst, wo die *dryer* zu finden seien.

Doch jetzt gibt es in Amerika eine Bewegung zum Recht auf Freilufttrocknung – www.laundrylist.org. Greifen Sie diesen Gedanken auf, wenn jemand von der Tea Party Sie mit seinen Argumenten herausfordert. Begegnen Sie ihm auf intellektueller Augenhöhe und fragen Sie ihn, wie es angehen kann, dass jeder eine Waffe tragen, aber nicht seine gewaschene Unterhose zum Trocknen aufhängen darf. Warum also der zweite Verfassungszusatz geschätzt wird, nicht aber der neunte, der besagt, dass die in der Verfassung aufgezählten Rechte mitnichten vollständig sind. So könnte man mit amerikanischen Wahlkämpfern vielleicht konstruktiv ins Gespräch kommen.

Dass das Thema Unterwäsche mittlerweile salonfähig ist, zeigt doch der Slogan der für die Sicherheitskontrollen an Flughäfen zuständigen Transport Security Administration: „Can't see London, can't see France, unless we see your underpants."

Wo die Wurzelbachers wohnen

Wahlkämpfe bereichern stets auch die Sprache. Es gibt ständig neue Vokabeln und Begriffe, wie zum Beispiel vor einigen Jahren „Joe the Plumber". Mit bürgerlichem Namen Samuel Joseph Wurzelbacher, kam dieser Durchschnittsbürger im Wahlkampf zu erheblicher publizistischer Geltung, als Barack Obama und John McCain ihn als typischen Betroffenen neuer Steuerpolitik diskutierten. Google verzeichnet zu „Joe the Plumber" mittlerweile rund fünf Millionen Einträge.

Sarah Palin, die ehemalige Gouverneurin von Alaska, hat zur Popularisierung bestehender Wörter beigetragen, zum Beispiel *soccer Mom*. Das sind Frauen, die typischerweise in Vororten wohnen, Beruf und Familie aufopferungsvoll miteinander vereinen und den Nachwuchs nachmittags zum Sporttraining kutschieren. Sonst erfuhr man über sie, dass sie offensichtlich nicht aus *the lower 48 States* kommt (womit alle 50 Bundesstaaten minus Alaska und Hawaii gemeint sind), was übrigens auch auf den in Honolulu geborenen Obama zutrifft. Im Gegensatz zu Frau Palin ist er aber kein *shopaholic*, also kein einkaufssüchtiger Kreditkartenverbrenner.

Früher galt in der US-Innenpolitik, dass kein politischer Blumentopf zu gewinnen sei gegen die drei Is – also Wähler mit Abstammung aus Italien, Irland oder Israel. Das ändert sich mit großen Schritten. Obama verdankte seinen Sieg ganz besonders den Latinos/Hispanics und Asian-Americans (was auch immer die gängige Wortwährung in *polical correctness* für diese Gruppen zurzeit sein mag). Die großen Tabu- und Reizthemen, nämlich die drei Gs, sind allerdings immer noch touchy: *gays, guns, god.*

Auch der Begriff der *Swingstates* hat deutsche Haushalte erreicht. Nein, da wird nicht die Musik von Glenn Miller gespielt, sondern da wohnen die Wechselwähler. Zum Beispiel die *Obamacons*, also konservative Republikaner, die den Demokraten Obama unterstützen.

Auch die Finanzkrise hat die sprachliche Vielfalt erhöht. Tradition haben ja Abkürzungen wie *dewks* (dual-employed with kids), *droppies* (disillusioned relatively ordinary professionals preferring independent employment situations) oder *frumpies* (formerly radical upwardly mobile persons). Jetzt haben wir gelernt, dass die ganze Misere hervorgerufen wurde durch Kredite an *ninjas* – no income, no job, no assets. Für die wurden dann *bistros* erfunden, Broad Index Secured Trust Offerings, was auch deutsche Landesbanken an den Rand des Ruins brachte. Schauen wir mal, ob sie und *The Big Three* (die Detroiter Autokonzerne General Motors, Ford und Chrysler) das sind, was man als *too big to fail* bezeichnet.

„Belohnen Sie Main Street, nicht Wall Street", appellierte Madelaine Albright an die Präsidentschaftskandidaten. Ein guter Spruch. Dazu ein interessanter Zeitvertreib: Wussten Sie, dass es längst Internet-Seiten gibt, zum Beispiel www.realtor.com, wo sie nachsehen können, was die Grundstücke und Häuser der Nachbarschaft wert sind? Dann geben Sie doch mal etwa unter www.zillow.com die Adressen „Wall Street, New York" und „Main Street, Anytown" ein. Mal sehen, wie sich die Preise entwickeln.

Zurück zu „Joe the Plumber". Was an dem Mann fasziniert, ist sein bürgerlicher Name: Samuel Joseph Wurzelbacher. *Gimme a break!* Solche deutschen Namen findet man wirklich nur in Amerika, *for sure*. Das glauben Sie nicht? Na, unter welchem Namen wurde Doris Day geboren? Richtig, Doris von Kappelhoff. John Denver hieß eigentlich John Deutschendorf. Edward Breitenberger trat als Edd Byrnes auf und wurde in der Krimiserie „77 Sunset Strip" als *Kookie* berühmt.

Melvin Kaminsky mutierte zu Mel Brooks, Issur Danielovitch zu Kirk Douglas, Walter Matuschanskayasky zu Walter Matthau. Margarita Cansino nannte sich um in Rita Hayworth und Raquel Tejada in Raquel Welch. Maurice Micklewhite ist der bürgerliche Name von Michael Caine, Cheryl Stoppelmoor der von Cheryl Ladd und Annie Mae Bullock der von Tina Turner. Caryn Johnson findet am Namen Whoopi Goldberg Gefallen. Illusionist David Copperfield ist eigentlich David Kotkin. Ein Paar der jüngeren Vergangenheit war Demetria Gene Guynes und Thomas Mapother – Demi Moore und Tom Cruise. Der Gouverneur von California hieß aber wirklich Arnold Alois Schwarzenegger.

What you hear is what you get

War es nur Ratlosigkeit oder Resignation: Wie kann man jemanden „Dabbelju" nennen? Nur ein einziger Buchstabe? Der große Franklin D. Roosevelt, *The New Dealer,* war *FDR*, der beliebte

John F. Kennedy *JFK*. Selbst den nicht unumstrittenen *Big Daddy* Lyndon B. Johnson kannte man kurz als *LBJ*. Seine Frau, eigentlich Claudia Taylor Johnson, hieß als First Lady überall nur *Ladybird*.

Arnold Alois Schwarzenegger, *The Governator*, steht als *Arnie* immerhin in der Tradition solcher Namen wie Gerald R. *Jerry* Ford und James *Jimmy* Carter. Selbst *Bubba* William Clinton gönnte man, wenn auch keinen Spitznamen, so doch immerhin *Bill*. Seine geduldige Frau brachte es erst zu *Holy Hillary* und dann zur Außenministerin.

Nein, es müssen ja nicht gleich Namen für die Geschichtsbücher sein wie *Father of His Country* für George Washington (auch ein *George W.)*, *Father of the Declaration of Independence* für Thomas Jefferson oder *Honest Abe* für Abraham Lincoln. Etwas Geistvolles täte es ja auch – John Tyler, den Nachfolger des ermordeten Präsidenten W.H. Harrison, nannte man *His Accidency*, und der wenig zimperliche und entschlussfreudige Theodore „*Teddy*" Roosevelt *(Old Rough and Ready)* war auch als *Haroun-al-Roosevelt* bekannt.

Selbst jemand, der in der Öffentlichkeit *Tricky Dick* hieß (Richard M. Nixon), oder *O&W (The Oldest and the Wisest)* wie Ronald Reagan hatte damit Profil. Letzterer wurde auch mitunter als *Ronbo* (von Rambo) bezeichnet oder *The Teflon President* – weil kein Skandal an ihm haften blieb.

Spitznamen haben in Amerika eine große Tradition. Man denke nur an die Crime-Legenden William *Billy The Kid* Bonney, *Scarface* Al Capone oder Benjamin *Bugsy* Siegel, den Gründer des modernen Las Vegas. Oder die Musiker Louis *Satchmo* Armstrong, William *Count* Basie und John Birks *Dizzy* Gillespie. Oder den Entertainer Frank *Blue Eyes* Sinatra und den Western-Helden John *Duke* Wayne. Oder die Wall Street-Gestalten Donald *The Deal* Trump, Leona *Rhymes with Rich* Helmsley, Ivan *Insider Trader* Boesky und Michael *Junk Bonds* Milken. Die Liste ließe sich lang fortsetzen.

Etwa mit General Electric-Chef Jack Welch – dem *Neutronen-Jack*, so benannt, weil seine Rationalisierungsprogramme menschenleere Fabriken hinterließen. Wissen Sie übrigens, wofür Iacocca steht? Der Name des ehemaligen Wirtschaftsbosses ist, besser gesagt: war, die Abkürzung von *I Am Chairman Of the Chrysler Corporation of America.*

Der in einem Krämerladen aufgewachsene Präsident Harry S. Truman wurde freundlich als *The Haberdasher* tituliert, weil er in jungen Jahren einen Kurzwarenladen betrieb, und Dwight D. Eisenhower als *Ike* für die Rätselrater verewigt. Die Slums, die zur Regierungszeit Präsident Herbert Hoovers entstanden, nannte man *Hoovervilles*, die Zeitungen, mit denen sich Obdachlose zum Schlafen bedeckten, *Hoover blankets.*

Aber „Dabbelju"? Man weiß von ihm, dass er ein Sohn ist von Barbara Bush – einst FLOTUS *(First Lady of the United States)*, *Großmutter Amerikas* und *everybody's grandmother*. Ein Geheimnis über den früheren *POTUS (President of the United States)* soll immerhin gelüftet werden: W. steht für Walker.

RINOs und bunte Hunde

Bei den letzten Wahlen in den Vereinigten Staaten erhielten die Tea Party-Anhänger vielerorts Aufwind. Diese rechtspopulistische konservative Politbewegung trifft sich gern auf Demos, bei denen allerlei selbstgefertigte Schilder hochgehalten werden. Zahlreiche Fotos davon kann man im Internet bewundern, wenngleich wohl nicht alle tatsächlich von Tea Party Events stammen.

Eine gern vorgebrachte Forderung ist die, der englischen Sprache ein Vorrecht einzuräumen. Auf einem Schild las sich das so: „Respect are country – speak English!" Auch ein anderer Protestler nahm es nicht ganz so genau: „Make English America's offical language!" Ebenfalls diese Sprüche sind noch nicht ganz ausgefeilt: „Dump the Polititions!" sowie „Obama has a crisis of competnce!"

Die Demokraten („The Dems") sind der Lieblingsfeind der Teabagger (wie die Tea Party-Anhänger oft genannt werden). Als am schlimmsten gelten die eingefleischten *Yellow Dog Democrats*, die aus Grundüberzeugung immer die Demokratische Partei wählen. Aber auch die *Blue Dog Democrats* sind nicht viel besser, wenngleich sie mitunter mit republikanischen Forderungen sympathisieren.

Ebenso *RINOs* sind nicht über den Weg zu trauen – *Republicans In Name Only*. Die Konservativen also, die im Herzen heimliche Erzkommunisten sind. Ebenso die *Gypsy Moth Republicans*. Ihre Heimat sind die mottenzerfressenen Städte im Nordosten und Mittleren Westen der USA, wo Republikaner auch mal mit Demokraten einer Meinung sind. Für die liberale Zeitung Washington Post ist *Pravda on the Potomac* der abfällige Ausdruck aller (r)echten Republikaner.

Gern wenden sich Tea Party Patriots überhaupt gegen alles, was als politisch links gilt. „Say No to Socilism!" heißt es entsprechend auf einem Plakat. Auf die Rechtschreibung kommt's nicht an, wenn man das Herz auf dem rechten Fleck hat und sich gut informiert: „Thank you Fox News for keeping us infromed!"

Natürlich grassieren auch jede Menge Witze, zum Beispiel dieser. Frage: Wie viele Tea Party Patriots werden zum Auswechseln einer Glühbirne benötigt? Antwort: Zehn Millionen und fünf. Einer muss zum Wal-Mart gehen und die Glühbirne kaufen (er wollte sowieso dorthin, um sich eine neue Knarre zu besorgen). Einer, der sich beim Auswechseln der Birne über den Klimawandel lustig macht. Einer, der Al Gore verspottet. Einer, der sich über die kommunistische Verschwörung erregt, die den Amerikanern die Erleuchtung bringen will. Einer, der die Birne auswechselt. Und zehn Millionen, die im Dunkeln tapsen – bei eingeschaltetem Licht.

Ob Sie sich auf Ihren Amerika-Reisen in politische Diskussionen verwickeln wollen oder nicht, das sollten Sie Ihrem *common sense* überlassen. In jedem Fall müssen Sie das wichtigste Vokabular kennen. Den US-amerikanischen Begriff „liberal" zum Beispiel mit „liberal" ins Deutsche zu übersetzen, wäre ein Kardinalfehler. Im allgemeinen Sprachgebrauch ist „liberal" gleichzusetzen mit „kommunistisch" und „un-American". Das ist jemand, der gegen den Verkauf von Feuerwaffen an Kinder ist. Oder für öffentliche Gesundheitsvorsorge.

Outen Sie sich als *Social Democrat*, ist das für Amerikaner ein Oxymoron, also doppelt gemoppelt. Klar sind *Democrats social*, das ist ja das Schlimme. Auch einem *Christian Democrat* wird nicht viel Sympathie seitens eines *Republican* entgegenschlagen – an Jesus Christus zu glauben, ist ja wohl das Mindeste, das muss man nicht im Parteinamen betonen. Einem *Free Democrat* wird man mit einer gewissen offenen Neugier begegnen – solange er nicht verrät, mit wem der ehemalige Parteivorsitzende und Ex-Außenminister verheiratet ist. Offenbarungen, zu den *Greens* oder zur *Left* zu gehören, erübrigen einen Kommentar.

Befürworten Sie hingegen uneingeschränkte individuelle Freiheit, wie etwa möglichst gar keine Steuern zu zahlen, sind Sie ein „libertarian". Dann können Sie ein Schild hochhalten wie dieses: „Against new tax's!" In Amerika ist der Genitiv manchmal dem Plural sein Tod.

Ich wünsche Ihnen Straßen ohne Schlaglöcher, National und State Parks mit langen Öffnungszeiten und guten Empfang von „The Daily Show" auf „Comedy Central".

Eine Phillipika auf die Rede

Auf den Fluren des Deutschen Bundestages wird immer wieder einmal darum gestritten, ob Reden gemäß Paragraph 33 der Geschäftsordnung des Hohen Hauses in freiem Vortrag gehalten werden sollten oder nicht. Immerhin 4429 von 15.500 „Reden" der vergangenen Legislaturperiode wanderten direkt vom Abgeordneten-PC ins Archiv. Weder frei gehalten, noch überhaupt nur abgelesen.

Reden, und schon gar nicht frei gehaltene Reden, haben keine große Tradition in Deutschland – außer vielleicht die Predigt. Oder kennen Sie, lieber Leser, eine berühmte deutsche Rede? Von Luther? Von Bismarck? Von Adenauer? Richard von Weizsäckers Rede 1985 zum 8. Mai als Tag der Befreiung war ebenso eine Ausnahme wie Roman Herzogs Ruck-durch-Deutschland-Rede 1997.

Ganz anders in Amerika. Dort ist die Redekunst, ist das virtuose Streitgespräch hoch angesehen. Schon in der High School wird *Speech* oder *Public Speaking* gelehrt, und gut vorbereitete Schülergruppen treten in Wettbewerben gegeneinander an. Während Deutschlehrer hierzulande die Grammatik verehren, pflegen Englischlehrer in den USA *debate* und *rhetoric*. Zwischen Flensburg und Oberammergau hingegen gilt das abgelesene „Referat" als Königsdisziplin

menschlicher Kommunikation. Mag es genuschelt oder heruntergeleiert sein, nur auf die Fakten kommt es in Deutschland an.

Mit dieser Einstellung erleidet ein Redner in Amerika schnell Schiffbruch – egal wie der Inhalt ist. Die Zuhörer erwarten Esprit, Souveränität und Überzeugungskraft, ob auf einem wissenschaftlichen Kongress, im Wahlkampf oder in einer privaten Geburtstagsansprache. Wenn das Publikum das Engagement beim Redner vermisst, fällt er durch. Die freie mündliche Rede steht in Amerika hoch im Kurs (trotz Obamas Teleprompter). Ein wirkungsvoller, lockerer Vortrag wird wertgeschätzt und darf mit ehrlichem Applaus rechnen. Kein Zufall, dass spannende Gerichtsfilme mit flammenden Plädoyers aus Hollywood und nicht aus Babelsberg kommen.

Selbstverständlich gehört es in den USA zur schulischen Grundausbildung, Abraham Lincolns „Gettysburg Address" aus dem Bürgerkrieg zu kennen – und womöglich auswendig deklamieren zu können. Natürlich ist Martin Luther Kings bewegende Rede „I Have A Dream" Teil des Kulturerbes, ebenso wie John F. Kennedys inspirierende „Inaugural Address" aus dem Jahr 1961 – „And so, my fellow Americans, ask not what your country can do for you; ask what you can do for your country." In Deutschland hingegen kennt man bestenfalls Stoibers Auslassungen zum Transrapid.

William Shakespeare schrieb im Drama „Julius Caesar" für Mark Anton die geniale Rede auf Brutus – „Friends, Romans, countrymen, lend me your ears...". Pflichtprogramm im US-Englischunterricht. Unseren Titanen, Goethe, lieben wir für einsame Monologe – „Da steh ich nun, ich armer Tor..." Nein, ein Orator ist Faust nicht, sondern ein Grübler.

Wie kümmerlich der Sinn für gepflegte Debatten in

Deutschland ausgeprägt ist, kann allabendlich in Talkshows betrauert werden. Auch das ist ein Ergebnis der Geringschätzung mündlicher Kommunikation, was wohl von Kindesbeinen an in Fleisch und Blut übergeht. Überzeugenwollen ist weniger Wesen deutschen Erbes als Kathederansprachen. Wer jedoch mit Amerikanern gut auskommen will (und mit Angehörigen vieler anderer Nationen), sollte auf das „wie" seiner Äußerungen achten. Auch in multikulturellen Teams wie sie in vielen Konzernen üblich geworden sind, gilt der amerikanische Stil als Maßstab.

„Freie Rede" nun mit „free speech" zu übersetzen, wäre übrigens grundfalsch. Free speech ist die unzensierte und von Repressalien freie Meinungsäußerung, die Rede- und Meinungsfreiheit. Sie ist in den USA seit 1791 im Ersten Zusatz zur Verfassung verankert. Die richtige Übersetzung für Stegreifrede wäre *ad-lib* oder *impromtu.*

Wie sehr „free speech" uramerikanisch ist, zeigte kürzlich eine Äußerung des Filmemachers Michael Moore – nicht gerade bekannt als Patriot alter Schule. Darauf angesprochen, dass eine anarchistische Schrift in Frankreich die Staatsanwälte auf den Plan rief, kommentierte er indigniert: „Leute, die nur Bücher schreiben, zerren wir doch nicht vor Gericht." Auch das ist Amerika.

Zur Tagesordnung

Wenn es in den USA um kämpferischen Idealismus geht, verkörperte das keine Persönlichkeit so überzeugend wie James Stewart. In der Rolle des Jefferson Smith gab der Schauspieler im 1939 erschienenen Film „Mr. Smith geht nach Washington" einen naiven, aber wackeren, anständigen und aufrechten Bürger aus der Provinz, der sich im Senat durchsetzt – mit einer nicht enden wollenden *Filibuster*-Rede.

Unter *Filibuster* (abgeleitet vom holländischen Wort für Freibeuter) versteht man eine Taktik, bei der die Aussprache über ein eingebrachtes Gesetz durch eine verlängerte Debatte sowie Geschäftsordnungsanträge bewusst hinausgezögert wird, um die endgültige Abstimmung zu blockieren. Eine fixe Begrenzung der Redezeit wie im deutschen Parlamentarismus gibt es im US-Kongress nicht. Nur eine Mehrheit von 60 Prozent kann die Ampel auf rot stellen. Den Rekord für die längste einzelne Filibuster-Rede im US-Senat – 24 Stunden und 18 Minuten hält übrigens Strom Thormond, Senator aus South Carolina, anlässlich eines Streits um den Civil Rights Act von 1957. Die jüngste Filibuster-Rede, die gut 21 Stunden dauerte, lieferte der Republikaner-Rebell Ted Cruz im September 2013 gegen das wichtigste Reformprojekt Barack Obamas ab, eine Krankenversicherung für alle Bürger, „Obamacare" genannt. Wenn sich Demokraten und Republikaner nicht aufs Budget einigen, droht der *shutdown*, eine Art Haushaltssperre. Shutdown heißt aber auch das Herunterfahren eines Computers.

Dass man mit Geschäftsordnungen trefflich Politik machen kann, ist in den USA normal. Gute Geschäftsordnungen sind auch eine Garantie für demokratische Verfahren – in Deutschland weitgehend unterschätzt, wie es der stümperhafte Ablauf vieler Vereinssitzungen, Elternbeiratsversammlungen und dergleichen mehr tagtäglich vor Augen führt.

Die „Bibel" der Amerikaner für die gesittete Durchführung von Meetings aller Art ist „Robert's Rules of Order". Dieses im Jahr 1876 von dem Offizier Henry Martyn Robert initiierte Regelwerk wurde zum Konsens, der alle Bereiche und Ebenen des amerikanischen Gemeinlebens beeinfluß hat und ständig weiterentwickelt wird (www.robertsrules.com).

Wenn Sie mit Amerikanern über deutsche Politik sprechen, helfen Ihnen vielleicht die folgenden Begriffe. Das überraschend gute Ergebnis der SPD bei der Bundestagswahl 2002 wird der Sogwirkung Gerhard Schröders zugeschrieben – in Amerika *coattail effect* genannt. Beim taktischen Einsatz von Erst- und Zweitstimme spricht man von *split ticket*. Falsch lagen alle Umfragen, *straw polls*. Als *incumbent*, also wiederkandidierender Amtsinhaber, war der Kanzler 2005 zwar im Vorteil, doch in den letzten Wochen seiner Amtszeit galt er als *lame duck* – im Amt, aber ein Auslaufmodell. Durchgesetzt hat sich eine Frau, die viele lange als *dark horse* eingeschätzt hatten, als Überraschungssieger.

In Großen Koalitionen kam es zu manchen Gesetzen, die auf dem Prinzip Eine-Hand-wäscht-die-andere beruhen – in der amerikanischen Politik *logrolling* genannt. Projekte wie der Transrapid, die insbesondere örtliche Bedeutung hatten, sind als *pork-barrel legislation* bekannt – wenn sie durchkommen. Untersuchungsausschüsse, die zu nichts führen, verlängern die Serie der *fishing expeditions*.

Die öffentliche Reaktion auf Stoibers Rückzug nach Bayern? Nichts anderes als *a hail of dead cats*. Und die Stellung von Oskar Lafontaine im Parlament? *A skunk at the garden party*.

Doublespeak

Viel wird darüber debattiert, wer wann in Washington die Wahrheit gesagt hat und nichts als die Wahrheit. Dann haben wieder die Experten des Doublespeak Hochkonjunktur. Das sind die

Linguisten, die Erklärungsnöte erst gar nicht aufkommen lassen. Nicht weiter anormal in einem Land, in dem es *real counterfeit diamonds* und Produkte aus *genuine imitation leather* zu kaufen gibt.

Erinnern wir uns an Watergate: Der *break-in* war nach Darstellung der Initiatoren eine harmlose *entry operation* und der folgende *cover-up* diente dazu, *to contain the situation.* Bei der ganzen Sache handelte es sich mitnichten um eine *criminal conspiracy*, sondern um einen *game plan.*

Als besonders hochentwickelte Form des Doublespeak gilt das „Pentagonese". Im Behördenamerikanisch der Streitkräfte wird ein Rückspiegel zum *retro reflector*, ein Zahnstocher zum *wood interdental stimulator* und eine Schraube zur *hexiform rotatable surface compression unit.*

In der Sprache des Verteidigungsministeriums (bis 1947: Department of War) heißt es nicht *to shoot*, sondern *to serve the target*, *air support* steht für Bombardement, *terrain alteration* ist Flächenbombardement. Ein Präventivangriff wird schon lange als *aggressive defense* oder *anticipatory retaliation* bezeichnet. Und wenn ein Unteroffizier einem Soldaten beim Drill ohne Umschweife in unmissverständlichen Worten lautstark die Meinung sagt, betreibt er *verbal counseling.* Unter *physics package* muss man sich einen Atomsprengkopf vorstellen, unter einer *radiation enhancement weapon* die Neutronenbombe.

Als die USA 1983 Grenada besetzten, handelte es sich mitnichten um eine militärische Invasion, sondern um eine *rescue mission* beziehungsweise eine *pre-dawn vertical insertion.* Die daran beteiligten amerikanischen Streitkräfte wurden vorübergehend in „Caribbean Peace Keeping Forces" umgetauft.

Kritik an der geheimdienstlichen Vorbereitung der vor dem Morgengrauen erfolgten Einführung von oben verteidigte die Generalität mit dem Hinweis, dass der Zeitdruck verhindert habe, *a greater architecture of human intelligence* zu entwickeln. Oder anders: *We were not micromanaging Grenada intelligencewise until about that time frame.*

Kampfzone

Nein, politisch korrekt und glücklich war es nicht, dass Peer Steinbrück der Schweiz einst mit der „siebten Kavallerie vor Yuma" drohte. Die könne man ausreiten lassen, müsse es aber nicht unbedingt. Der sprachliche Bezug auf den Western aus dem Jahr 1955 („Fort Yuma") gilt als Beispiel für das lose Mundwerk des Politikers, was man im Englischen als *to be a loose cannon* bezeichnet. US-Präsident Theodore Roosevelt wählte vor über hundert Jahren als Charakterisierung seiner Außenpolitik etwas geschickter den Grundsatz „Speak softly and carry a big stick; you will go far." Beides ist letztlich Kanonenbootpolitik *(gunboat diplomacy).*

Unsere Alltagssprache ist – im Deutschen und Englischen – durchsetzt von gewaltbesetzten Begriffen. Wir kennen den Papierkrieg *(red tape)*, Nervenkrieg *(war of nerves)*, Kleinkrieg *(feud)* und Grabenkrieg *(trench warfare).* Unaufgeräumte Kinderzimmer sehen aus wie ein Schlachtfeld *(to look like a battlefield)*, Topevents im Fernsehen sind *blockbuster* (Straßenfeger, eigentlich: Flächenbomben), und manche politische Erklärung entpuppt sich als Nebenkriegsschauplatz *(secondary theatre of war).* Wenn es bei der Pressekonferenz „Feuer frei!" heißt *(shoot! fire away!)*, kommen die Fragen wie aus der Pistole geschossen *(quick as a shot).* Die Kulisse beim Fußball bilden die Schlachtenbummler *(camp followers)*, die ihre Sportskanonen *(sporting aces)* sehen wollen. Manche der Fans sind allerdings voll wie eine Haubitze *(to be pissed).*

Beispiel Wirtschaft: Der Wettbewerber ist auf dem Vormarsch *(to be on the advance)*, in der eigenen Kommandozentrale *(com-*

mand center) wird auf Alarmstufe 1 *(red alert)* geschaltet. Die Kriegskasse *(war chest)* ist gut gefüllt, und so werden der Gegenangriff *(counterstrike)* vorbereitet, die Marschroute *(line of approach)* festgelegt und der Schlachtplan entworfen *(to work out a battle plan)*. Dann wird zum Angriff geblasen *(to sound the attack)*. Attacke! *(charge!)*. Es gibt nur Sieg auf der ganzen Linie *(victory all along the line)* oder den Untergang mit Glanz und Gloria *(to crash and burn)*. So zieht man gut gerüstet *(well-armed)* und bis an die Zähne bewaffnet *(armed for bear)* los, um den Konkurrenten mit Haut und Haar zu vernichten *(to blow someone out of the water)*. In der Hitze des Gefechts *(in the heat of the battle)* merkt man vielleicht nicht, dass man an vorderster Front *(in the first flight)* und auf verlorenem Posten steht *(to fight one's last stand)*, Kanonenfutter *(cannon fodder)* ist und sich auf

einem Himmelfahrtskommando *(rat fuck)* befindet. Bei der Manöverkritik *(debriefing)* wird einigen Mitarbeitern dann der Marsch geblasen *(to give someone a chewing out)*.

Im Wahl"kampf" kommt es schon mal zu Schlammschlachten *(muckraking)*, wenn jemand hart attackiert wird *(to blast someone for something)*. Es wird klar Stellung bezogen *(to take a firm stand)*, man liefert sich Wortgefechte *(heated debates)*, macht breite Front gegen etwas *(to line up against)* und fährt dem Gegner in die Parade *(to rain on someone's parade)*. Hauptsache, man selbst ist nicht angreifbar *(to be invulnerable)*, tritt nicht als Einzelkämpfer *(lone wolf)* auf und kann sich auf die Linientreue *(loyalty)* der Anhänger verlassen. Wenn der Opponent mit scharfer Munition *(tough talking)* und mit geballter Ladung *(demolition charge)* schiesst, gilt es, die Stellung zu halten *(to hold the fort)* und nicht auf Tauchstation zu gehen *(to lie quiet)*. Gegen politische Querdenker *(bomb thrower)* gibt es allerdings kein Patentrezept *(silver bullet)*, nichts ist bombensicher *(shellproof)*. Wichtig ist, die Lufthoheit *(sovereignty over the airspace)* zu erlangen.

Manche Beziehung beginnt mit Liebesbeteuerungen *(love bombs)*. Wenn die Angebetete sagt, *tell that to the Marines* (das kannst du jemandem anderen erzählen), du bist unter aller Kanone *(to be really lousy)*, ist man ein Blindgänger *(dud)*. Manchmal hilft es, stur wie ein Panzer zu sein *(to be as stubborn as a mule)*, um dann doch Bombenerfolg zu haben *(to go with a bang)* und einen Volltreffer *(bull's eye)* zu landen. Trotzdem endet manchmal alles mit Schimpfkanonaden *(volleys of insults)*.

Wer im Wilden Westen auf dem Kriegspfad ist *(to be on the warpath)*, sollte den Showdown vermeiden, das Kriegsbeil begraben *(to bury the hatchet)* und die Friedenspfeife rauchen *(to smoke the peace pipe)*. Aus Yuma ist die Kavallerie längst abgezogen.

Double Dutch und Greek Statistics

Zumindest ein Gutes hat die Griechenland-Krise: Sie hat die Sprache bereichert. Im Englischen gibt es jetzt den Begriff *Greek Statistics* für Zahlendrehereien und „kreative Kontenführung". Auch die Steigerung *Lies, Damned Lies and Greek Statistics* ist zu lesen. Somit hat sich die antike Wiege der Demokratie neu positioniert.

Hat eine Redewendung erstmal Eingang gefunden in den Sprachschatz, wird sie dort verharren. Das gilt für Amerika, aber auch für ROW *(rest of the world).* Der Sinn verschwindet oft im Dunkeln. Was hat es mit Irland zu tun, dass zwei im Abstand von einem Jahr geborene Kinder *Irish twins* genannt werden? War *Russian Roulette* wirklich ein Zeitvertreib in Moskau? Und sind Brettspiele besonders in Deutschland populär, weswegen die Amerikaner sie *German games* nennen?

Auch Frankreich muss als fleißiger Vokabellieferant genannt werden. Wir kennen natürlich die *French fries* (die aus Belgien kommen) und die *French beans* (Schnittbohnen). *French service* im Restaurant bedeutet Servieren ohne vorlegen (mit vorlegen: *English service).* Sollte ein Amerikaner jemals fluchen, wird er sich mit *pardon my French* entschuldigen. Wenn er sich dann ohne Abschied verdünnisiert, ist das ein *French leave.*

Am häufigsten wird allerdings auf die Holländer verwiesen. Das ist dann für den Unkundigen *double Dutch* (böhmische

Dörfer). Und wer die Begriffe missversteht, kann in Schwierigkeiten kommen *(to be in Dutch).*

Beginnen wir mit dem *Dutch uncle*, das ist entweder ein Besserwisser („Kiebitz"), der mit unerwünschten Ratschlägen nervt, oder – ganz allgemein – ein strenger Mann. *To talk like a Dutch uncle* bedeutet, etwas freundlich, aber mit Nachdruck zu kritisieren. Das kann dazu führen, *to be in Dutch with someone* (mit jemandem krumm liegen).

Wenn von einem *Dutch bargain* die Rede ist, so bezieht sich dieser Begriff entweder auf Verhandlungen, bei denen viel Alkohol getrunken wird, oder auf eine Abmachung mit einseitigem Vorteil. Eine *Dutch auction* hingegen ist eine Versteigerung, die mit hohen Preisen beginnt, die dann so lange gesenkt werden, bis ein Käufer gefunden ist. Möglicherweise wird etwas angeboten, von dem gesagt wird *it beats the Dutch*, dann ist das Ding entweder riesengroß oder recht ausgefallen.

Dutch cousins (Busenfreunde) können mit *Dutch gleek* (Schnaps) einen *Dutch drink* nehmen (auf ex trinken). Das kann zu *Dutch courage* führen, wenn man sich nämlich Mut angetrunken hat. Zahlt jeder seine eigene Zeche, handelt es sich um einen *Dutch treat* oder ein *Dutch date* (oder: *going Dutch).* Eine Party, auf der der Gastgeber als erster betrunken ist, heißt *Dutch feast.* Da heißt es dann vielleicht *to do a Dutch* (weglaufen).

Ein *Dutch weather prophet* ist jemand, der eine Wettervorhersage aufgrund von mythischen Zeichen abgibt. Legen Sie Wert auf eine präzise Auskunft, erhalten aber nur *Dutch reckoning* (pi mal Daumen), sollten Sie nicht *to have a Dutch fit* (oder: *to get one's Dutch up),* nämlich einen Wutanfall bekommen. Ergeben Sie sich dann lieber in *Dutch comfort*, geben Sie sich also mit etwas notgedrungen zufrieden. *Dutch talent*, rohe Gewalt statt Intelligenz, hilft nicht weiter, dann schon eher *Dutch defense* (Tatenlosigkeit, Kapitulation).

Ein *Dutch bath* ist nicht nur die Fachbezeichnung für ein Säurebad bei der Metallbearbeitung, sondern bedeutet auch „Katzenwäsche". Ähnlich das *French bath* – viel Deo statt Wasser und Seife. Hinter *Dutch nightingales* verbergen sich nicht Nachtigallen, sondern quakende Frösche. Wenn Kinder „Schiebkarre" spielen (einer läuft mit den Händen, während ein anderer seine Füße trägt), nennt man das im Englischen *Dutch wheelbarrow*.

Um ein *Dutch concert* zu hören, müssen Sie nicht in die Oper zum „Fliegenden Holländer" gehen, denn gemeint ist lautes Durcheinanderpalavern. Das glauben Sie nicht? Na, *I'll be a Dutchman*, dann fress ich einen Besen!

Während mit *Dutch wife* ein Federkissen gemeint ist, bedeutet *Dutch widow* eine Prostituierte. Der Hinweis *my old Dutch* bezieht sich auf die Ehefrau (hat jedoch mit Holländerinnen gar nichts zu tun, sondern kommt vom Wort „duchess", Fürstin). Warum mit *Dutch rose* der Abdruck eines Hammers auf Holz bezeichnet wird, wenn der Nagel verfehlt wurde, weiss kein Mensch.

Wer das alles kannte, für wen die Geschichte also einen Bart hat, der stöhnt: *The Dutch have taken Holland!*

Freiheitsfritten

Als sich beim Irak-Krieg nicht alle Freunde Amerikas der *coalition of the willing* **anschlossen,** war die politische Führung der USA *not amused*. So wurde auch eine schlichte Sättigungsbeilage zum Politikum: Nach einem Beschluss des von Republikanern geleiteten Verwaltungsausschusses des US-Repräsentantenhauses gab es in den Speisesälen des Hohen Hauses nur noch *Freedom Fries* statt French Fries.

So erging es einem Land, das sich denn doch zu europäisch-altmodisch benimmt! Schluss mit *pay plen-tee* in *Gay Par-ree*! Frankreich sollte schon sehen, was es davon hat, wenn die Bürger im Land der unbegrenzten Möglichkeiten nur noch *Freedom Toast* statt French Toast („Arme Ritter") und *Freedom Dressing* statt French Dressing verlangen. Und die kleine Mary-Ann wird jetzt ihren pickelgesichtigen Boyfriend in die Schranken weisen, indem sie es offen lässt, ob sie ihm bereits beim ersten Date *Freedom Kissing* erlaubt. Unklar blieb, ob der Touristenbezirk in New Orleans wirklich *Freedom Quarter* heißen sollte.

Nach der türkischen Weigerung, amerikanische Truppen zu stationieren, war selbst der *turkey* nicht mehr seines Namens sicher – sollten sich die Familien zu Thanksgiving um den gebratenen *Freedom Bird* scharen?

Alles schon mal dagewesen. Während des Ersten Weltkriegs wurde in den USA sprachlich verbannt, was an den Kaiser erinnerte: *Sauerkraut* wurde durch *Liberty cabbage* ersetzt, aus *German measles* (Röteln) wurden *Liberty measles*, aus *dachshund dogs* wurden *Liberty pups*, und *hamburger* nannte man *Liberty steaks*. Nun landete das in Amerika unter holländischer Lizenz gebraute Heineken Bier auf der inoffiziellen US-Boykottliste – weil die Marke deutsch klingt. Umgekehrt kommen die Pennsylvania Dutch ja bekanntlich nicht aus Holland, sondern aus Deutschland, und das stört auch keinen großen Geist. Mit ähnlicher Logik werden Drive-up-Bargeldautomaten zusätzlich mit Blindenschrift ausstattet.

In diesem Zusammenhang – kennen Sie die Geschichte des US-Senators, der Englisch partout als einzige de facto-Amtssprache der USA erhalten will? Die Bewegung, Spanisch gleichzustellen, kommentierte er bescheiden mit dem Bekenntnis: „If English was good enough for Jesus Christ, it's good enough for me!"

Da sprach der alte Häuptling der Indianer: Wild ist der Westen und schwer der Beruf. Uff.

Ersatzangst als Leitmotif

Sage noch einer, nur die Amerikaner könnten sich treffende Vokabeln ausdenken! Klar, für Bezeichnungen wie *Computer*, *Business Class* oder *Management Buy-out* sind keine wirklich guten deutsche Begriffe verfügbar, und so wurden die Anglizismen Bestandteil unserer Sprache. Aber auch umgekehrt gibt es einen Fundus, der schwer übersetzbar ist und sich deswegen als Fremdwortreservoir empfiehlt. Oder fällt Ihnen auf Anhieb ein, wie man zum Beispiel „Rumpelfußball" auf Englisch sagt?

Ähnliches gilt für die urdeutschen Wörter „Bleifuß", „schaltfaul" und „Fahrvergnügen". Da muss man erst ausführlich die Unterschiede der Kulturen erklären. Vokabeln wie „Bratkartoffelverhältnis" (die Ehe ohne Trauschein im Nachkriegsdeutschland) und „Beutekunst" sind weitere aus einer Vielzahl Beispiele.

Textiltechnisch existiert in den USA wahrscheinlich ein adäquates Wort für „Feinripp", aber die spöttischen Untertöne bei der Benennung dieser Herrenunterwäsche stehen auf einem anderen Blatt. Und ein „Proll" ist etwas anderes als ein *redneck*.

Amerika entdeckt immer mehr, dass die deutsche Sprache ein Steinbruch für Bezeichnungen ist, deren Bedeutung der englische Wortschatz nicht abdeckt. So setzt sich im Gerangel um die Pole Position bei US-Präsidentenwahlen mitunter die Erkenntnis durch, dass es nur *ersatz candidates* gibt. Auch bei „Ostpolitik" und „Waldsterben" wissen belesene Amerikaner, was gemeint ist.

Hier tut sich also etwas. Längst sind nicht nur „Achtung", „verboten", „Pickelhaube", „Blitzkrieg", „Panzer", „Reich" und „kaputt" verbale Exportschlager. Ebenso diese Vokabeln dürften breiten Schichten der amerikanischen Bevölkerung geläufig sein: natürlich „Kindergarten" und „Gemütlichkeit", „Dummkopf" und „Gesundheit", aber auch „Autobahn", „Pretzel" (Brezel), „Schnitzel", „Strudel", „Schnaps", „Meerschaum", „Poltergeist", „Glockenspiel" und „wunderbar".

Das Bildungsbürgertum hingegen integriert mittlerweile sogar dieses ganz nonchalant in seine Sätze: „Angst", „Schadenfreude", „Weltanschauung", „Weltschmerz", „Fingerspitzengefühl", „Torschlusspanik", „Zugzwang" und „Zeitgeist". Oder „Bildungsroman", „Leitmotif" (mit f), „Sturm und Drang", „Sehnsucht", „Mensch", „Übermensch" (Superman), „Hinterland", „Lebensraum", „Wanderlust", „Kitsch", „Gesamtkunstwerk", „Sprachgefühl", „Wunderkind" und „Lumpenproletariat".

Angesichts aktueller politischer Entwicklungen gäbe es auch manche Redewendung, die wir anzubieten hätten. Vor der *never-ending* Harz IV-Debatte gewinnt „mich küsst die Wohlfahrt" eine tiefere Bedeutung, die mit „I am kissed by social security" einfach nicht rüberkommt. Auch den Zustand der Staatsfinanzen trifft die Übersetzung „no tired buck" kaum, da bleibt das Original „keine müde Mark" auch in Euro-Zeiten der Klassiker.

Zum Thema Gesundheitspolitik liegt einem der Kommentar „Operation gelungen, Patient tot" auf der Zunge. Hier jedoch gelang keinem Geringeren als George W. Bush die perfekte Übersetzung in weltläufigerem Zusammenhang: „mission accomplished".

King Tut und Frozen Fritz

USA-Kennern muss man nicht erklären, dass Yosemite nicht Jose-meit, sondern Joßém-mitti ausgesprochen wird und Colorado nicht Kolorehdo, sondern Kolorado. Die meisten wissen auch, dass man Michigan nicht Mitschig'n, sondern Mischig'n ausspricht. Und Frank Sinatra besingt The Windy City als Schikago, nicht Tschikago (weil der Name vom Indianischen Wort Shikaakwa stammt, was Wilder Knoblauch bedeutet).

Mit Arkansas ist es etwas schwieriger. Der Bundesstaat und der Fluss dieses Namens kommen den Einhemischen ungefähr als Ark'n-ßoo über die Lippen. Den Fluss hingegen nennen die meisten anderen A(r)-KÄN-ses. Aber Miami wird Mei-äämi und nicht Méiämi ausgesprochen. Bei Caribbean hingegen geht beides: Käri-biiän oder Kär-rib-bi-än. (Verzeihen Sie mir die krude Lautschrift.)

Das sind natürlich Feinheiten, verstehen wird man Sie so oder so. Schwieriger wird es, wenn Sie über etwas reden, das im Englischen vollkommen anders ausgesprochen wird als der deutsche Tourist es artikuliert. Ich erinnere mich daran, wie ich mich mit Freunden in Amerika über den Hitchcock-Krimi „Psycho" unterhalten wollte, also Psü-cho. Sie verstanden nur Bahnhof. Bei der Beschreibung des berühmten Badezimmermordes fiel der Groschen: „Oh, you mean ßei-ko!"

Die Mißverständnisse gehen auch anders herum. Bei einem Venedig-Besuch diskutierten zwei Amerikanerinnen in der Warteschlange hinter mir, ob es sich lohne, sich die Tisch'ns anzusehen. Hatte ich den Reiseführer nicht gründlich gelesen? Tisch'ns, was ist das? Später kam die Blitzerkenntnis: Gemeint waren die Gemälde von Tizian. Ich bin jetzt gewappnet, was Amerikaner im russischen Sankt Petersburg sehen wollen, die Ör-mi-titsch. Ich habe auch herausgefunden, wem der Gedi-Park in Sacramento, California gewidmet ist: Goethe.

Harry's American Bar in Paris wirbt übrigens ganz geradeaus: „Tell the taxi driver to take you to Sank Roo Doe Noo." Gemeint ist die Adresse: 5 rue Daunou.

Wenn Sie über Heinrich Schliemann sprechen sollten: Für die Amerikaner hat er nicht Troja, sondern Troy ausgegraben. Sollten Ihre US-Freunde in dem Zusammenhang auf Suuß zu sprechen kommen, wissen Sie, dass Zeus gemeint ist. Den Stolz des Berliner Neuen Museums kennen Amerikaner nicht als Nofretete, sondern als Nerfertiti. Kleopatra sprechen sie Cleo-pét-ra aus, und Tutanchamun ist vielleicht Tutankhamen, aber meistens King Tut. Ähnlich pointiert wird aus dem Ötzi der Frozen Fritz.

Der Yeti hingegen ist besser unter dem komplizierten Namen Abominable Snowman bekannt. Während dieser immer mal wieder im Himalaya gesichtet wird, neckt sein Kollege, Bigfoot, die Menschen im amerikanischen Nordwesten. Wer mehr über dieses folkloristische Wesen erfahren möchte, besucht Willow Creek, California, das „Bigfoot Capital of the World".

Sollten die Weltkriege zur Sprache kommen, verstehen Sie unter der Battle of the Bulge die Ardennenoffensive und unter der Battle of Jutland die Skagerrakschlacht. Letztere fand in der Baltic Sea statt, der Ostsee. Mit *battle of the bulge* meinen Amerikaner aber auch den Kampf gegen den „Rettungsring", das Bauchfett.

Auf eine einheitliche Schreibweise des Namens des libyschen Diktators hat man sich nie einigen können: Muammar el-Qaddafi (New York Times), Moammar Khadafy (Boston Globe), Moammar Kadafi (L.A. Times), Moammar Gadhafi (Wall Street Journal), Muammar Gaddafi (Reuters). Und Wikipedia schreibt Muammar al-Gaddafi.

US-Soldaten, die in Deutschland stationiert waren, erzählen vielleicht von D-Dorf und K-Town – Düsseldorf und Kaiserslautern. Sie schwärmen dann eventuell von Ausflügen zum schönen

Lake Constance, dem Bodensee, nach Heligoland (Helgoland) oder nach Hamelin, wo der Pied Piper grausame Rache an den Bürgern nahm, der Rattenfänger von Hameln.

In Österreich waren sie nicht nur in Vienna an der Danube, sondern möglicherweise auch in Carinthia (Kärnten) oder Styria (Steiermark).

Jetzt wissen Sie Bescheid. Aber noch ein Tipp: Bemühen Sie sich gar nicht erst, den Namen dieses Sees in Massachusetts auszusprechen: Chargoggagomanchaugagochaubunagungamaug. Frei übersetzt: Du fischst auf deiner Seite, wir fischen auf unserer Seite, keiner fischt in der Mitte. So ähnlich steht es übrigens auch im Ersten Buch Mose, Kapitel 13, Vers 5-9. Könnte das nicht das Motto der UNO sein?

Happy End mit Gin Tonic

In einem Zeitungsbericht über einen Autotest hieß es kürzlich, der Spritverbrauch sei ganz ordentlich, „aber auch nicht so, dass man deswegen jemanden anrufen müsste". Eine flapsige Kommentierung, die ich so noch nicht gelesen hatte. Oft gehört dagegen habe ich *...nothing to write home about.* Immer mehr amerikanische Redewendungen sind gekommen, um zu bleiben – im Original: *have come to stay.*

Nicht in jedem Fall gelungen sind die Eindeutschungen, drei Beispiele. Der sogenannte Karrierebeamte bastelt nicht unbedingt aufstiegsmotivierter an seinem Fortkommen als sein per Zeitvertrag beschäftigter Kollege. Simpel gesagt: der *career officer* ist festangestellt (oder Beamter), der *non-career officer* nicht. Karriere im öffentlichen Dienst können sie beide machen. „Karrierebeamter" jedenfalls ist doppelt gemoppelt, aber selbst in der Tagesschau zu hören.

In der Hotellerie hierzulande weitverbreitet ist das Wort „Rate". Das hat aber weder etwas mit Teilzahlung, noch mit Günther Jauch zu tun, sondern ist eines der englischen Wörter für „Preis" (mit weiteren Bedeutungen). Trotzdem Alltag zwischen Flensburg und Oberammergau: die Rate fürs Doppelzimmer beträgt 100 Euro. *What's wrong with* Preis?

Ähnlich inflationär ist die direkte Übernahme von *industry*, zum Beispiel in „die Luftfahrtindustrie" *(the airline industry)*. Das alte Lehnwort aus dem Französischen, die *Branche*, tut's doch auch. Und muss die Altstadt jetzt wirklich „Historisches Zentrum" *(historic center)* heißen? Go play on the highway!

Die Universität Hannover hat kürzlich 2500 Werbesprüche aus fünf Jahrzehnten untersucht. Das Ergebnis: In den 1980er Jahren waren 3 Prozent in Englisch, in den 1990ern schon rund 18 Prozent und seit 2000 sind etwa 30 Prozent der Werbung in englischer Sprache.

Der Punkt ist *(the point is)* und die gute Nachricht *(the good news)*, dass solche Verwendung im Deutschen keinen Sinn macht *(does not make sense)*. Oder Altdeutsch: Es kommt darauf an zu erkennen, dass das unsinnig und sinnlos ist.

Mit englischen Fremdwörtern liegt man leicht daneben. Kein Amerikaner, Brite oder Aussie versteht Sie, wenn Sie ihm von Ihrem Handy und Beamer berichten. Diese Dinger heißen *mobile phones* oder *cell phones* und *(digital) projector*.

Das Navi ist eher ein PND, ein *Personal Navigation Device.* Mit *wireless LAN*, also WLAN, können Amerikaner nichts anfangen, mit *Wi-Fi* schon.

Was in Deutschland Smoking heißt, wird in Amerika als *tuxedo* bezeichnet. Dieses *dinner jacket* bekam seinen Namen nach dem Städtchen Tuxedo in Orange County, New York, das einst Treffpunkt der Reichen und Schönen war. Die haben sich möglicherweise in Hollywoodschaukeln geräkelt, die allerdings *swinging garden hammocks* genannt werden.

Auch wenn Sie von Ihrem Oldtimer erzählen, benutzen Sie einen Pseudoanglizismus und stiften Verwirrung. Ein altes Auto heißt *vintage car*, ein *oldtimer* hingegen ist eine *old hand*, ein alter Hase. *Teens* gibt es in Deutschland und Amerika, *Twens* als Gruppenbezeichnung nur in Germany. Ihre Fortbewegungsmethode ist heutzutage weder das Trampen noch das *hitchhiking.*

Der Showmaster oder Talkmaster im Fernsehen heißt *host* oder *MC* (Master of Ceremonies). Auch den Dressman kennt man nicht, wohl aber das *male model.* Ebenso rufen Bemerkungen über das Catchen Verwunderung hervor, heißt diese Sportart doch *catch wrestling.*

Ein Shooting Star ist mitnichten ein Senkrechtstarter (das wäre beispielsweise ein *high-flyer* oder *whizz kid)*, sondern eine Sternschnuppe – also kurz vor dem Verglühen. (Eine Spitzfindigkeit für Hobbyastronomen: Ein *meteroid* befindet sich im Weltall, ist ein Meteorit/Meteorid; ein *meteorite* ist das, was auf der Erde ankommt, ein Meteorstein. Die Lichterscheinung beim Verbrennen in der Atmosphäre, die Sternschnuppe, ist ein *meteor.)*

Der deutsche Selbstbedienungsshop an der Ecke mit zehn Regalen ist bestenfalls ein *self-service store*, kein Supermarkt. Auch *do it yourself* wird gern von Heimwerkern gepflegt. In Amerika zwar immer noch anzutreffen, weicht dieser etwas altbacken wirkende Ausdruck aber dem pompösen *self home improvement.*

Zum *happy ending* (nicht Happy End) gehört jetzt nur noch, dass Sie sich einen *gin and tonic* bestellen, keinen Gin Tonic.

Your nose runs, your feet smell

Wer Spaß an der englischen Sprache und ihren Eigenarten hat, dem sei Richard Lederer als Autor empfohlen. Seine Bücher sind zu Klassikern geworden, weil sie uns Trost spenden, wenn wir wieder einmal an verrückten Vokabeln verzweifeln und mit unlogischer Aussprache kämpfen – „crazy English". Seine geistreichen Longseller sind auch viele Jahre nach Erscheinen noch aktuell und witzig.

„In what other language do people drive in a parkway and park in a driveway", fragt er sich und die Leser. Der *parkway*, das ist eine Autobahn, der *driveway* die Garageneinfahrt. „Why does night fall but never break and day break but never fall?", wundert er sich. Und: „Why can your nose run and your feet smell?" Die Nase läuft, die Füße riechen, das kennen wir ja auch im Deutschen. Wenn es jemand eilig hat, hastet er *head over heals*. Na und? Der Kopf ist doch immer über den Hacken. Hals über Kopf, das Bild stimmt.

Hot dogs, so erinnert er uns, gibt es auch kalt, und die *rush hour* dauert leider meist länger als 60 Minuten. Tatsache auch, dass man in *quicksand* (Treibsand) nicht schnell, sondern eher langsam versinkt, und dass *silverware* (Besteck) heutzutage auch aus Plastik bestehen kann.

Wir lernen: der Plural von tooth ist teeth, von booth aber nicht beeth. Eine goose, zwei geese – aber nicht ein moose, zwei meese. „If the teacher taught, why insn't it also true that the preacher praught?" Warum, im Namen Shakespeares, wird aus six, seven, eight und nine jeweils sixty, seventy, eighty und ninety, aber aus two, three, four und five nicht jeweils twoty, threety, fourty und fivety?

Warum bedeutet *caregiver* und *caretaker* das gleiche (ein Pfleger), warum sind aber a *wise man* (ein Weiser) und a *wise guy* (ein Klugscheißer) Gegensätze? Wieso bedeuten *shameful* und *shameless* das gleiche? Auch *flammable* und *inflammable* meinen kurioserweise gleichermaßen brennbar, entflammbar, entzündlich, feuergefährlich. Egal, ob das Haus *burns up* oder *burns down* – es bleibt Asche übrig.

Worin besteht die Logik, dass es egal ist, ob ich *quite a lot* oder *quite a few* sage? Kann jemand erklären, dass sowohl *hot as hell* als auch *cold as hell* gängige Redewendungen sind? Und sehr verwirrend, dass *pricey objects* weniger teuer sind als *priceless objects*, dass *valuable objects* weniger wert sind als *invaluable objects*.

Warum heißt der Kellner *waiter*, wo es doch die Gäste sind, die warten? Warum wird ein Boiler als *hot water heater* bezeichnet, wenn er doch eigentlich kaltes Wasser aufheizen soll? Der Pendelbus zum Flughafen geht genau genommen nicht *back and forth*, sondern *forth and back*.

Lederer erinnert auch an die Passion George Bernard Shaws, eine völlige Revision der bestehenden englischen Schreibweise durchzusetzen. Von dem irischen Literaturnobelpreisträger stammt das „Shavian alphabet", demzufolge das Wort „fish" so buchstabiert würde: *ghoti*. Warum? Ganz einfach: gh wie in enough, o wie in women und ti wie in nation.
Merke also den Spruch eines unbekannten Autors:

Beware of *heard*, a dreadful word,
That looks like *beard* but sounds like *bird*,
And *dead*: it's said like *bed*, not *bead*,
For goodness sake don't call it *deed*!
Watch out for *meat* and *great* and *threat*
(They rhyme with *suite* and *straight* and *debt*).

A *moth* is not a *moth* as in *mother*
Nor *both* in *bother*, nor *broth* in *brother*,
And *here* is not a match for *there*,
Nor *dear* and *fear*, for *bear* and *pear*.

Ganz in der wunderbaren Tradition des sprachlichen Unsinns hat auch Bill Gates der Menschheit ein Geschenk gemacht. Wenn Sie mit alten Windows-Versionen arbeiten, fällt es Ihnen wahrscheinlich gar nicht mehr auf: Um das Programm zu beenden, müssen Sie (links unten) auf „Start" klicken.

Der Knutschfleck im Bodyshop

In San Francisco gibt es ein Viertel, in dem Schilder wie „Susan's Massage" nicht unüblich sind. Darüber werden manche etwas kopflos, was nicht ganz dasselbe ist wie *topless* („oben ohne"). Ein paar Häuser weiter wirbt ein Gewerbe mit dem Schild „Bodyshop". Aber ein Schelm, wer jetzt Böses dabei denkt – die Rede ist von Autokarosserien. Missverständnisse entstehen leicht, wenn der Gast aus dem Ausland etwas zu wörtlich nimmt – oder zu wörtlich übersetzt. Während ein *hick-up* ein Schluckauf ist, bezeichnet ein *hickey* einen Knutschfleck.

Wenn es um einen Heiratsantrag geht, lautet die richtige Vokabel *proposition* (auch *to pop the question)*, ein *proposal* hingegen ist ein Vorschlag oder Gesetzesentwurf. *Punctual* heißt pünktlich, keinesfalls jedoch punktuell, *actual* bedeutet tatsächlich oder eigentlich, nie hingegen aktuell (das wäre zum Beispiel *current).* Die Beschreibung „he's a real character" sagt nichts über Charaktereigenschaften aus oder ob jemand „Charakter besitzt", sondern bedeutet, frei übersetzt, „das ist eine Marke, ein Typ". Eine eher dezente Kennzeichnung also – wobei *decent* soviel wie anständig bedeutet; dezent könnte man mit *discreet* übersetzen.

Auch Redewendungen haben es in sich. Wer meint, *the short end of the stick* bedeute so viel wie am kürzeren Ende sitzen, irrt; die richtige Übersetzung wäre „die Hauptlast tragen" – es geht um Hebelwirkung. Wer „über den Berg sein" übersetzen will, sollte *to be out of the woods* sagen – *to be over the hill* heißt „über alle Berge" und bezeichnet unentschuldigtes Fehlen (auch AWOL = *absent without leave). To be on someone's tail* heißt nicht „jemandem auf den Schwanz treten", sondern jemanden überwachen oder verfolgen.

Ein Orchester dirigieren heißt nicht *to direct an orchestra*, sondern *to conduct an orchestra.* Ein *conductor* kann aber sowohl ein Dirigent als auch ein Schaffner sein. *To direct a company* hingegen bedeutet „ein Unternehmen führen", weswegen der Geschäftsführer auch ein *Managing Director* ist (M.D., das ist aber auch ein *Medical Doctor).* Er ist ebenso ein *boss*, nicht hingegen ein *chef* (das ist ein Küchenchef) oder *chief* (das ist ein Häuptling). Andererseits ist ein C.E.O. ein *Chief Executive Officer*, also ein Vorstandsvorsitzender. Sein Job ist es, *to oversee the business*, also den Überblick über die Geschäfte zu haben, nicht jedoch *to overlook something* – etwas übersehen. Dass er seriös ist *(respectable, reliable, trustworthy)*, davon gehen wir aus.

Heißt es *he's serious*, wissen wir, er meint es ernst. Benimmt er sich wie eine lahme Ente, ist die Übersetzung *lame duck* nur dann richtig, wenn er nicht langsam ist, sondern wie gelähmt. *Lame duck* ist auch die Bezeichnung für einen nicht wiedergewählten Präsidenten während seiner restlichen Amtsperiode.

Muttersprachler sind von Missverständnissen nicht verschont. Churchill, so berichtet der britische Premier in seinen Memoiren, irritierte Roosevelt, den amerikanischen Präsidenten, mit der Forderung, *to table the German question*. Im britischen Englisch heißt das, „ein Thema behandeln" – im Amerikanischen das genaue Gegenteil, *auf die lange Bank schieben.* Na ja, in Großbritannien verschickt man ja auch mit der *Royal Mail* die *post*, während man in den USA die *mail* mit dem *Postal Service* versendet.

A boom! of Germans?

Als Vielflieger sind Sie natürlich Mitglied in Bonusprogrammen. Hier ein Bonus, da ein Bonus – die Prämien läppern sich. Eine Prämie, zwei Prämien. Aber: ein Bonus, zwei – *Boni*? Oder *Bonusse*? Einschlägige Wörtbücher gestatten beides.

Im Englischen wird aus *fungus* (Pilz) *fungi* (Pilze) und aus *cactus* (Kaktus) *cacti* (Kakteen). Ein *hippopotamus* gähnt zwei *hippopotami* an (oder ein *hippo* läßt sich durch zwei *hippos* nicht stören). Fußangeln legt allerdings der Tintenfisch aus: Der *octopus* will nicht den Weg aller *octopi* gehen, sondern mit anderen *octopuses* poussieren. Denn sein Name kommt nicht, wie die Endung

-us suggeriert, aus dem Lateinischen, sondern aus dem Griechischen, von *okto* (acht) und *pous* (Fuß). *Podes* (Füße) finden sich bei den Antipoden, den Gegenfüßlern auf der anderen Seite des Globus.

Wie ist das mit der Pluralbildung? Die Wettkampfserie beginnt in einem *Stadion* (nicht: Stadium) und wird in anderen *Stadien* fortgesetzt. Darüber berichtet nicht nur ein *Medium*, sondern berichten zahlreiche *Medien*. Im Englischen sind es aber *the media* (the media *are* interested, aber: the press *is* interested). Aus dem Angelsächsischen ins Deutsche importiert wurde das Wort *multimedia* (oder sagen Sie: *Multimedienpräsentation*?)

Sie erkennen: Die Welt des Plurals ist ein Labyrinth von Gängen *(a maze of winding paths)* aus einer Mauer des Schweigens *(a wall of silence)*. Dahinter liegt ein Meer von Irrtümern *(a sea of errors)*, das entweder eine Flut von Protesten gebiert *(a flood of protests)* oder einen Schwall stürmischen Gelächters *(gales of laughter)*. Wer kennt sich in dem Schilderwald *(a maze of traffic-signs)* und Knotengewirr *(a cluster of knots)* noch aus? Ein Lügengewebe *(a tissue/pack of lies)*, in dem man den Wald vor lauter Bäumen nicht mehr sieht *(you fail to see the forest for the trees)*. Nach diesem Schwall von Worten *(a torrent of words)* sehen Sie eine Symphonie von Farben *(a sea of colors)* und fühlen sich wie in einer Dampfwolke *(a head of steam)*.

Das „Book of St Albans" dokumentierte schon im Jahre 1486 die Spezialvokabeln für bestimmte Gruppen. Eine Heuschreckenplage ist *a plague of locusts*, während eine Raupenplage *an army of caterpillars* genannt wird. Den Bienenschwarm müssen wir mit *a swarm of bees* übersetzen, den Fliegenschwarm mit *a business of flies*. Viele Läuse bilden *a flock of lice*.

In dieser Tradition tauchen immer wieder Neologismen auf, zum Beispiel *a stink of cars* (eine Blechlawine) oder *a Babel of cellular phones* (ein Gebrabbel von Handys).

Was halten Sie von diesen Wortschöpfungen für Nationalitätengruppen? *A Mayflower of Americans, a savoir-faire of Frenchmen, a pound of Englishmen, a pint of Irishmen, a fifth of Scots*?

Oder von *an espresso of Italians, an Edelweiss of Austrians, a watch of Swiss?*

Oder von *a smorgasbord of Swedes, a goulash of Hungarians, a solidarity of Poles, a vendetta of Sicilians?* Auch *an upyours of New Yorkers, a wave of Hawaiians, a mariachi of Mexicans, a bossa nova of Brazilians* und *an outback of Aussies* sind recht treffend. Für Bürger eines Landes mit Putzgeschwadern und Rollkommandos kam man auf *a boom! of Germans.*

Womit wir wieder bei *a storm of protest* wären.

XYZ, aber on the QT

Wer in Amerika bei der Abkürzung BB an eine französische Filmschauspielerin denkt, ist nicht up-to-date. Eine BB ist vielmehr eine „Bergdorf Blonde" und beschreibt eine PAP, eine „Park Avenue Princess", also eine verwöhnte, junge Erbin der Upper East Side. Der hippe Erfolgsroman „Bergdorf Blondes" der Modejournalistin Plum Sykes über die Szene dieser Spezies hat eine Fülle neuer Abkürzungen ins Spiel gebracht. So sind Männer schlicht ATMs, also *automatic teller machines* (Bargeldautomaten). Und zum Treffpunkt der Mischpoke, dem *Fritz* (the fucking Ritz, das Ritz Hotel in Paris), reist man im PJ, im Private Jet.

Weniger schlicht gestrickt sind die Wortschöpfungen der Yale-Professorin Dolores Hayden in ihrem Buch über amerikanische Urbanität, „A Field Guide to Sprawl". Um aktuelle Phänomene zu beschreiben, schuf sie neue Immobilien-Begriffe, etwa *toad* (temporary, obsolete, abandoned or derelict site), was eine Fabrikruine oder ein leerstehender Supermarkt sein können. Als *ground cover* bezeichnet sie provisorische Gebäude, die nur solange als Geldeinnahmequelle dienen, bis die Immobilie profitabler verwertet werden kann. *Litter on a stick* – das sind Werbetafeln *(billboards)*. Wenn der Vorort schneller wächst als die Stadt, handelt es sich nicht mehr um ein *suburb*, sondern ein *boomburb* oder gar *zoomburb*. Warnung vor verseuchten Grundstücken: „banana" – *build absolutely nothing anywhere near!*

Manche Abkürzungen sind uralt, so P.D.Q. – *pretty damn quick* (aber dalli!). Diese einprägsame Aufforderung entstammt dem 1875 uraufgeführten Theaterstück „The Mighty Dollar" von B.E. Woolf.

Die amerikanischste aller Abkürzungen ist noch älter: OK, O.K., o.k. oder okay. Sie entstand dem OK-Forscher Professor A.W. Read von der Columbia University zufolge 1839 in Bostoner Zeitungen als witzig gemeinte Falschschreibung von „all korrekt". Ihre große Popularität erlangte sie ein Jahr später durch den Präsidentschaftskandidaten Martin Van Buren, auch Old Kinderhook genannt nach seinem Geburtsort Kinderhook, New York. Sein Wahlkampfteam war der O.K. Club, der für weite Verbreitung der griffigen Formel sorgte. Van Buren verlor die Wahl, O.K. blieb. Eine andere im selben Jahr geborene und bis heute gebräuchliche Abkürzung ist R.T.B.S. – *remains to be seen*, also sozusagen schau'n wir mal, dann seh'n wir schon. Von keinem Geringeren als James Joyce stammt D.B.C. = *damn bad sales*.

Weitere Beispiele aus der „alphabet soup" oder dem „initialese" gefällig? Einer meiner Favoriten ist das Akronym für „Sitzung", BOGSAAT = *bunch of guys sitting around a table*. Mancher der Teilnehmer hat gewöhnlich einen CYA *(cover your ass)*, eine Rückversicherung. Andere können es nicht vermeiden, ins Fettnäpfchen zu treten, sie sind befallen von F&M *(foot and mouth disease)*. Das betrifft nicht nur F.O.B.s *(fresh off the boat)*, Neuankömmlinge und Anfänger.

Bei der Kleidung sind Sie mutig und tragen ASCOB *(any solid color other than black)*. Das ist MOR *(middle of the road)*, entspricht also dem Durchschnittsgeschmack. Nicht reflexartig reagieren sollte ein männliches Wesen nach dem dezenten Hinweis „XYZ" *(examine your zipper)*, der Schlitz steht offen.

Verdorbenes Essen kann zu BDT führen *(backdoor trots)*, Durchfall. Die entsprechende Arztdiagnose kann nur lauten: GORK *(God only really knows)*. Und wenn Sie auf einem Nummernschild am Auto „CME 2 P" lesen, wissen Sie, dass der Halter ein Urologe ist – *come to pee.*

Es wird zwar weniger geraucht, dafür boomt eine ganz bestimmte Zigaretten"marke": O.P.'s *(other people's)*, auf Deutsch „Geschnorrte" genannt. Dem Laster frönen darf man aber sozusagen nur *on the QT* (heimlich, unter dem Tisch). Ja, der Tabak ist wirklich TDF *(to die for)*... Also noch ABF *(a bloody final drink)*, auf modernem Deutsch: one for the road.

CU (see you).

WTF ist da passiert?

Da hat der in Sachen Neue Medien eigentlich fitte Barack Obama kurz mal nicht aufgepasst. Das Motto einer seiner Reden zur Lage der Nation lautete „Winning the Future". Die Abkürzung dieser Überschrift, „WTF", sei eine passende Zusammenfassung, ätzte daraufhin die konservative republikanische Politikerin Sarah Palin. Worauf sie anspielte war, dass die Abkürzung die im Internet populäre rhetorische Frage „What the fuck?" bedeutet. Den Präsidentenberatern schoss vermutlich OSINTOT durch den Kopf – „Oh Shit I Never Thought Of That".

Gerade im Angelsächsischen sind derartige Sinnspielchen ein alter Hut – Dan Brown läßt grüßen. Früher standen eine Zeitlang Fluggesellschaften im Visier von Witzbolden, die in Markennamen entlarvende Aussagen entdeckten. So hängte man AIR INDIA die Bedeutung „After I Return I'll Never Do It Again" an. SABENA wurde zu „Such A Bad Experience, Never Again" und SAS zu „Same As Sabena". Nicht nur leidgeprüfte PAWOBs (Passengers Arriving Without Baggage) vermuteten hinter ALITALIA die Erklärungen „Airplane Lands In Turin And Luggage In Ancona" oder „Always Late In Take-off, Always Late In Arrival". DELTA dichtete man „Don't Expect Luggage To Arrive" und „Delivering Everyone Late Through Atlanta" an. Nach der spektakulären Geiselbefreiung in Mogadischu 1977 wurde LUFTHANSA ausbuchstabiert als „Let Us Free The Hostages And Not Shoot Anyone". Was nicht ganz stimmte, aber nett gemeint war.

Nach dem Challenger-Unglück 1986 erhielt die NASA das sarkastische Etikett „Need Another Seven Astronauts". Und Hardliner rümpften über die NATO die Nase mit „No Action, Talk Only". Ein nicht vollkommen gelungener Versuch von Washingtoner Bürokraten, dem USA PATRIOT Act semantische Weihen zu verleihen, ist das Ungetüm „Uniting and Strengthening America by Providing Appropriate Tools Required to Intercept and Obstruct Terrorism". Das hat Brüsseler Bananenverordnungsqualität.

Als Walt Disney eine Ergänzung zum Magic Kingdom in Florida konzipierte (und das Konzept früherer Weltausstellungen aufnahm), gab er dem geplanten Projekt den Namen EPCOT, „Experimental Prototype Community of Tomorrow". Seit der Eröffnung 1982 sind allerdings diverse andere Interpretationen in Umlauf: „Every Person Comes Out Tired", „Every Parent Carries One Toddler" oder „Every Pocketbook Cleaned Out Thoroughly".

Auch Autohersteller wurden mit Spott überzogen, so etwa Ford mit „Found On Roadside, Dead", „Fix Or Repair Daily" oder „Fast Only Rolling Downhill". Chevrolet mußte mit der Interpretation „Clatters Heavily, Every Valve Rattles, Oil Leaks Every Time" leben und Dodge mit „Dead On Day Guarantee Expires" sowie „Drips Oil, Drops Grease Everywhere".

Für Fiat dachte man sich „Failure In Automotive Technology" aus und „Fit it again, Toni". BMW-Nörgler buchstabierten „Built from Mercedes' Wastebasket" und „Bring Money in Wheelbarrows". Porsche-Fahrer bedachte man mit der Erklärung „Proof Only Rich Shits Can Have Everything". Mein Favorit: Hummer = „Huge Unnecessary Massive Mobile, Emmissions Ridiculous".

Das Farbfernsehen, das es in den USA seit 1959 gibt, muss besonders in der Anfangszeit wohl in ungewolltem Maße bunt gewesen sein. Jedenfalls erhielt der technische Standard NTSC (nach dem National Television System Committee) den Kommentar „Never Twice the Same Colour". (Speziell zur Promotion des Farbfernsehen kam übrigens die Westernserie „Bonanza" auf die Bildschirme.)

Warum sich hinter Adidas die Formel „All Day I Dream About Sex" verbergen soll, ist bisher nicht schlüssig geklärt, aber „All Day I Dream About Sports" wäre wohl irgendwie zu einfach. Überliefert ist jedenfalls Puma = „Probier unbedingt mal Adidas".

Wenn ein Programmierer seine Software als besonders sicher anpreisen will, sollte er „secure by design" stets ausschreiben und nicht die Abkürzung SBD benutzen. Die steht nämlich auch für „silent but deadly" und bezeichnet eine besonders heimtückische geräuschlose Körperausdünstung.

Sie sehen, Abkürzungen haben es in sich, und schon gar nicht sollte man unbedacht deutsches Vokabular im Englischen verwenden. Während B.A.B. einerseits „Bundesautobahn" bedeutet, steht es auch für „bare ass beach", nämlich FKK-Strand. Ist Ihre Heimat Bayern, so sollten Sie Ihre Herkunft aus Bavaria nicht mit BAV abkürzen, denn das ist ein „born again virgin" – also jemand, der lange keinen Sex hatte. Und GIB ist zwar als Abkürzung für Gibraltar gang und gäbe, in Amerika aber auch für „good in bed".

Wenn Tina regiert

Was für Gerhard Schröder das „Basta!" war, ist für Angela Merkel angeblich neuerdings „Tina" – „there is no alternative". Mit dieser Erkenntnis und Begründung, die angeblich auf Margaret Thatcher zurückgeht, erfolgten politische Entscheidungen, die IMHO (in my humble opinion) lange aufgeschoben worden waren.

Und was gestern eine Minderheitsmeinung war, ist heute eine SOGI (senior officer's good idea). Klare Sache: CHAOS (chief has arrived on scene). Heimlich mögen sich die Volksvertreter fragen DIKWIAD? (do I know what I am doing?). Da ist man mit ASTRO (always stating the really obvious) auf der sicheren Seite – A3 (any time, any place, anywhere).

Aber als es bei den Bankern hieß BAB (bonuses are back), war Schluss mit lustig. Im Visier sind nun die Spekulanten, die GRQ (get rich quick) wollen und nur fragen WIIFM (what's in it for me?). Möge aus ihnen BURPs werden (bankrupt unemployed rejected persons).

In Berlin gab es monatelang in der Krise BAU (business as usual) und MBWA (management by walking around). Sozusagen ATNA (all talk no action) zu NWH (normal working hours). Warum? GOK (God only knows). Vielleicht weil RHIP (rank has its privileges). Danach verfuhr schon Helmut Kohl.

Inzwischen wurde die FRG (Federal Republic of Germany) ja fast zu einem CRIC (collapsing recently industrialized country). BYA (billions of years ago) ging es dem Land ja gut mit der starken D-Mark, da waren wir a&w (alive and well) und TBTF (too big to fail). Aber jetzt gilt die Devise ECC (every cent counts), sonst wird aus Deutschland ein BHNC (big hat no cattle).

Und hatte man es bisher als Geberland mit SILICs (severely indebted low income countries) zu tun, wächst mit Griechenland ein HIPC (heavily indebted poor country) heran. Ob die Hellenen noch lange B.F. (best friend) bleiben?

BTW (by the way), eines müssen alle lernen: TANSTAAFL (there ain't no such thing as a free lunch). Das gilt auch für den MOS (man on the street), der HOH (hard of hearing) ist, wenn's ums Sparen geht. NIMBY (not in my backyard) ist ATM (at the moment) keine Option. Ich bin sicher, MBN (more bad news) werden kommen AMM (and much more).

Die Zeiten von SNAFU (situation normal, all fouled up) und SUSFU (situation unchanged, still fouled-up) sind vorbei. Jetzt müssen wir feststellen: TARFU (things are really fouled-up), FUMTU (fouled-up more than usual) und TASFUIRA (things are so fouled up it's really amazing). Am Horizont erscheinen drohend FUBAR (fouled-up beyong all recognition), FUBB (fouled-up beyond belief) und SAPFU (surpassing all previous foul-ups). Und auch TUIFU (the ultimate in foul-ups) ist nicht ausgeschlossen.

Was tun? Da es TMV (too many variables) gibt, wird Wirtschafts- und Finanzpolitik auf ein WAG (wild ass guess) herauslaufen. Äpfel mit Birnen darf man natürlich nicht vergleichen, also A2O (apples to oranges). Jedenfalls

gilt parteiunanhängig die Warnung: GIGO (garbage in garbage out). Wenn's weiter bergab geht, sind wir alle EGCs (extrememly gruntled customers).

Nun gut, TTQ (time to quit), AMF (adios my friend) und HLV (hasta la vista). CYH (consider yourself hugged).

Toidy toid and toid

Kürzlich kam ein irakischer Reisender in den USA wegen seiner Aussprache vor Gericht. Der junge Mann wollte von Chicago aus in die Türkei fliegen, scheiterte jedoch an der Sicherheitskontrolle. Dort wurde in seinem Handgepäck ein Gummigegenstand entdeckt, den er als „pump" beschrieb. Die Kontrolleurin verstand jedoch „bomb". Dumm gelaufen.

Man kann es nur gutheißen, dass sich das zeitgenössische amtliche Amerika der Sprachpflege befleißigt. Das fängt schon bei politischen Reden an, wo es in ländlichen Gegenden „My dear fellow rool Marakins" heißt. Damit sind keine grünen Männchen vom Mars angesprochen, sondern die *rural Americans.* Wahrscheinlich tritt gerade ein „sudden politician" auf (der nicht spontan ist, sondern *southern),* und vielleicht schimpft er aufs *gummit* (government). LBJ jedenfalls sprach stets von seinen *'murrikins.*

Sind Sie im amerikanischen Süden, versichert man Ihnen: „Ah reckon we-uns doan got none a them die-lects roun' hyar. Yawl trah down th'holler thereabouts whar they-all tawk kinda funny." Dialekt wird hier also nicht gesprochen! „Anomaly drink

Coke", fährt Ihr Gesprächspartner mit *South Mouth* fort, „but with this play-it of beckon and aigs I will have coffee." Normalerweise trinkt er also Coke, bevorzugt jetzt jedoch Kaffee zum Teller mit Speck und Eiern. Da fragen Sie dann interessehalber „hominy"(wie viele?).

Sagt jemand „I'm from *Balamer, Murlin*", muss man wissen, dass Baltimore in Maryland gemeint ist. Ähnlich ist es mit *Alana* (Atlanta), *Loovul* (Louisville), *Mwawkee* (Milwaukee), *Yewsten* (Houston), *Naplus* (Indianapolis), *Nerk* (Newark), *Jawjuh* (Georgia), *Hia* (Ohio), *Iwa* (Iowa), *Fuhluffia* (Philadelphia) und *Tronna* (Toronto).

Im Flugzeug begrüßt man Sie an Bord von *Konennl*. Merkwürdig, eigentlich hatten Sie Continental gebucht. Naja, Sie sind ja *farn* (foreign). Hauptsache, Sie sitzen *cumtabull* (comfortable).

Wenn Sie in New York nach der Adresse „33rd and Third" fragen, sollten Sie „Toidy toid and toid" sagen, damit der Einheimische Sie versteht. In Baltimore hingegen erkundigen Sie sich auf dem Weg zur Druid Hill Avenue besser auf *Bawlamerese* nach „Droodle Avenue". Und bei Appetit auf ein cold roast beef sandwich bestellen Sie ein „cole race beef sanwich".

Wenn Sie in Philadelphia eine Zeitung kaufen wollen, haben Sie die Auswahl zwischen dem „Fluffya Inkwire" (Inquirer) und der „Fluffyadailynooz".

Außer den Sicherheitsbeamten haben Amerikaner wenig Probleme mit kreativen Aussprachen. Einer Umfrage des koreanischen Autobauers Hyundai zufolge gilt der Akzent im amerikanischen Süden als der mit dem größten Sex Appeal, der in Boston anzutreffende als der smarteste und der aus dem Los Angeles Valley als der dümmlichste.

Aus einem Eisenbahnabteil in good olde England stammt dieser zielführende Dialog zwischen drei Reisenden:

„Is this Wembley?"

„No, I think it's Thursday."

„So am I. Let's get a drink."

Zurück zu den Urlauten!

Wollen Sie sich mit einem jungen Amerikaner vernünftig unterhalten, versagt Ihr Schulenglisch kläglich. Er wird Sie kaum verstehen, wenn Sie ihm wörtlich übersetzen: „Ich bin ganz außer Atem, weil ich knapp einem Autounfall entgangen bin." So wird's gemacht: Bilden Sie zuerst den modernen deutschen Satz: „Ächz, japs, keuch! Kreisch, rumms, schepper, quietsch, platsch!" Jetzt ist es leicht: „Groan, pant! Screetch-shriek, rawumm, clank, squeak, splash! Pooh, man!" Ihr Gegenüber wird diese kulturadäquate glasklare Darstellung mit einem beeindruckten „Wooow!" quittieren.

Haben Sie diese Methode einmal intus, ist auch die Rückübersetzung ein Kinderspiel. Besteht Zweifel an Ihrer Glaubwürdigkeit, heißt es vielleicht: „Aw, phpht! Gee whillikers!" Sie erwidern: „Phew! Outch, yak, ugh, ommph-burp." (Au Backe! Der Schmerz, igitt das Blut, rülps.) „Okey-dokey", lenkt ihr Freund ein, „chug-a-lug" (Ist in Ordnung, geh'n wir einen trinken).

Beim Chirurgen (vielleicht ein Ph.D. – nein, kein *pffft*, sondern ein *pi-eetsch-di*, ein Dr.) sollten Sie aufmerken, wenn ihm beim entscheidenden Schnitt ein *oops!* oder gar *oopsy-daisy!* entschlüpft. Das heißt hoppela oder huch (oder in Österreich bumstinazi). Örtlich betäubt, kommentieren Sie dann unheilahnend: *o-ooh!* Bestätigt er Ihre Befürchtung mit einem mitleidig-nickenden *uh-huh*, können Sie mit Rabatt bei ihm rechnen.

Angenommen Sie lauschen in Amerika einem Vortrag und werden durch Ihre Nachbarn gestört. Wenn Sie jetzt *psst!* zischen, dreht sich alles nach Ihnen um, wollten Sie doch wohl Aufmerksamkeit erzeugen (ähnlich dem *kss*, was in Restaurants funktioniert, um den Ober gegen sich aufzubringen). Vielleicht mehr Erfolg haben Sie mit einem freundlichen *shh!*, *hush!*, *hsh!* oder *tst!* Schon gar nicht sollten Sie es mit *sht!* versuchen, denn das klingt allzu sehr nach dem populären *four-letter word* und führt „in Gesellschaft" zu sofortiger und nachhaltiger Einsamkeit („Who's that guy??"). Übrigens kein Wunder, dass die französische Brause „Pschitt" in Amerika kein Verkaufsschlager wurde – die Kampagne ging ins Auge, *ouch!*

Das Ringen nach der richtigen Vokabel ist universell anzutreffen. Was täten wir ohne Dingsbums respektive Dingenskirchen? Beeindrucken Sie Ihre Freunde im Ausland mit der wechselnden Verwendung von *dingbat*, *doodad*, *doo-hickey*, *doowacky*, *gazinkus*, *gazunkus*, *gizmo*, *goofus*, *jigger*, *thingamajig* und *whatchamacallit*. Der Wieheißternochgleich ist im Englischen *Whats-his-name* oder *Charlie Farnsbarns* und im Südafrikanischen *Van der Um*. In diesem Zusammenhang: das soundsovielte ist das *umptyscrunch* (oder nur *scrunch)*.

Manches Wort ist deshalb so erfolgreich, weil es so schön lautmalerisch ist. Beispiele für Onomatopoese, wie Sprachwissenschaftler diese Vokabeln nennen, sind *hiccup* (Schluckauf) und *oompah music* (alpenländische Blasmusik, eigentlich *oom-pah-pah).*

Alles kein Problem mehr, seit Roy Lichtenstein den *newspeak* ab 1963 mit Bildern wie „WHAAM!" adelte.

Upon the slitted sheets I sit

Zum Schluss haben Sie nun die Gelegenheit, Ihre Aussprache zu testen. Also Zunge und Lippen: auf die Plätze, fertig, los – *ready, steady, go!*

Sagen Sie doch mal folgenden Satz: „A rough-coated, dough-faced ploughman strode through the streets of Scarborough, coughing and hiccoughing thoughtfully." Das haben Sie bestimmt einigermassen richtig hinbekommen. Und ist Ihnen etwas aufgefallen? Richtig, die häufige Buchstabenfolge „ough". Sie kann im Englischen auf acht verschiedene Weisen ausgesprochen werden, und der obige Satz enthält alle Varianten.

Erinnern Sie sich noch an den Film „Bugsy" mit Warren Beatty und Annette Bening? Der Unterweltboss Benjamin „Bugsy" Siegel, der in den 1940ern in der Wüste Nevadas das Spielerparadies Las Vegas aufbaut, repitiert in der deutschen Version immer wieder den Spruch: „Zwanzig Zwerge zeigen Handstand, zehn am Sandstrand, zehn im Wandschrank". Das ist im Original weit weniger schwierig: *Twenty dwarves took turns doing handstands on the carpet.*

Schön unanständig wird der deutsche Zungenbrecher „dies ist ein Scheit, ein Schleißenscheit, ein wohlgeschlissenes hölzernes Schleißenscheit..." Das klappt im Englischen auch: *I slit the sheets, the sheets I slit, upon the slitted sheets I sit.*

So etwas ist sozusagen zum Aufwärmen. Versuchen Sie es jetzt mit *a cup of coffee in a copper coffee-pot* und *six slick, slim saplings*. Und nun abwechselnd mit *six thick thistle sticks*. Ihre Zunge ist noch nicht verknotet? Na, dann: *A thin thistle is thinner than a thick thistle. A thick thistle is thicker than a thin thistle*. Jetzt wird's gnadenlos: *The sixth sick sheikh's sixth sheep's sick.*

Sie haben sich inzwischen ein Handtuch geholt, und es kann weitergehen: *Thirteen thirsty thrushes thrust through a thick thicket, though thirteen thirsty thrushes thrust through a thick thicket they lost no feathers.*

Nicht fehlen im Training dürfen natürlich die Klassiker, zum Beispiel: *Sally sells sea shells by the sea shore. She sells sea-shells on the sea-shore. The shells she sells are sea-shells, I'm sure*. Oder auch: *She sifted seven thick-stalked thistles through a strong thick sieve.*

Versuchen Sie es zur Erholung mit: *One pink poodle paddles up the pool another pink poodle paddles down*. Und: *How much wood would a woodchuck chuck if a woodchuck would chuck wood?*

Wenn Sie das hinbekommen haben, klappt dies auch: *If two witches would watch two watches, which witch would watch which watch?* Na also, dann auch dies: *Betty bought some butter. But the butter was bitter. So Betty bought some better butter to make the bitter butter a bit better.*

Nunmehr wechseln wir von der Kurz- zur Mittelstrecke:
Peter Piper picked a peck of pickled pepper;
A peck of pickled pepper Peter Piper picked;
If Peter Piper picked a peck of pickled pepper,
Where's the peck of pickled pepper Peter Piper picked?

Hier die Langstrecke:

Esau Wood sawed wood. All the wood Esau Wood saw, Esau Wood would saw. All the wood Wood saw, Esau sought to saw. One day Esau Wood's wood-saw would saw no wood. So Esau Wood sought a new wood-saw. The new wood-saw would saw wood. Oh, the wood Esau Wood would saw. Esau sought a saw that would saw wood as no other wood-saw would saw. And Esau found a saw that would saw as no other wood-saw would saw. And Esau Wood sawed wood.

Ed Nott was shot and Sam Shott was not. So it is better to be Shott than Nott. Some say Nott was not shot. But Shott says he shot Nott. Either the shot Shott shot at Nott was not shot, or Nott was shot. If the shot Shott shot shot Nott, Nott was shot. But if the shot Shott shot shot Shott, Shott was shot, not Nott. However, the shot Shott shot shot not Shott – but Nott. So, Ed Nott was shot and that's hot! Is it not?

Zum Einschlafen sei empfohlen: *Red leather, yellow leather, red leather, yellow leather...*

Gerd Otto-Rieke wurde 1950 geboren und verbrachte das Schuljahr 1967/68 mit dem Austauschprogramm Youth for Understanding in Sacramento, California. Nach dem Studium der Volkswirtschaftslehre in Hamburg sowie Tätigkeiten für das Bundespresseamt in Bonn war er von 1980 bis 2000 Chefredakteur verschiedener Reisefachzeitschriften. 1999 gründete er die Akademie Neue Medien in München mit Schwerpunkt Travel Management-Weiterbildung und Sicherheit auf Reisen. Seit 2001 ist er fester freier Mitarbeiter und Kolumnist des AMERICA Journal. Er ist zudem Autor verschiedener Fachbücher und Herausgeber der Jahrbücher „Modernes Geschäftsreise-Management" und der Fachbuchreihe „Travel Management Aktuell". Beruflich oder zusammen mit seiner Familie bereiste er weit über hundertmal die USA.